KB275983

고난이 묻다,
신학이 답하다

국제제자훈련원은 건강한 교회를 꿈꾸는 목회의 동반자로서 제자 삼는 사역을 중심으로
성경적 목회 모델을 제시함으로 세계 교회를 섬기는 전문 사역 기관입니다.

고난이 묻다, 신학이 답하다

초판 1쇄 발행 2010년 1월 22일
초판 4쇄 발행 2014년 11월 25일

지은이 앨리스터 맥그래스

펴낸이 박주성
펴낸곳 국제제자훈련원
등록번호 제2013-000170호(2013년 9월 25일)
주소 서울시 서초구 효령로68길 98 (서초동)
전화 02-3489-4300　**팩스** 02-3489-4329
E-mail dmipress@sarang.org

ISBN 978-89-5731-447-0 03230　*Printed in Korea*

* 책값은 표지 뒷면에 있습니다. 잘못된 책은 구입하신 곳에서 교환해 드립니다.

고난이 묻다, 신학이 답하다

Copyright © 1992 by Alister E. McGrath
Originally published in English under the title
Why Does God Allow Suffering?
by Hodder and Stoughton Limited, 338 Euston Road, London,
NW1 3BH, ENGLAND.
All rights reserved.
Korean Edition Copyright © 2010 by DMI Press, Seoul, Republic of Korea
Translated and used by permission of Hodder and Stoughton Limited
through arrangement of rMaeng2, Seoul, Republic of Korea.

본 저작물의 한국어판 저작권은 알맹2 에이전시를 통하여
Hodder and Stoughton Limited와 독점 계약한 도서출판 국제제자훈련원에 있습니다.
신 저작권법에 의하여 한국 내에서 보호받는 저작물이므로
무단전재와 무단복제를 금합니다.

이 책에서 다룬 주제들은 내가 오랫동안 고심해 온 것들로, 1991년 7-8월 호주 멜버른 대학 리들리 칼리지에서 한 달간 집중 강의를 하면서야 집필에 들어갔다. 호주에 머무는 동안 머리스(Maurice)와 재클린 베터리지(Jacqueline Betteridge), 존(John)과 린 프라이어(Lynn Pryor), 브라이든(Bryden)과 케이시 블랙(Cathy Black)은 나를 대접하고 여러 모로 친절을 베풀어 주었고, 대학 비서인 베릴 바터(Beryl Barter)와 셜리 텅(Shirley Tongue)은 기꺼이 그들의 타자기를 빌려 주었으며, 내가 원고를 가지고 씨름할 때면 커피를 타 주곤 했다. 모두에게 깊은 감사의 마음을 전한다.

많은 그리스도인에게 고난은 어려운 문제다. 단지 고통과 두려움 때문만이 아니다. 고난은 우리 마음 깊숙한 곳을 뒤집어 놓는다. 고난 때문에 선하신 하나님을 의심하기도 한다. 문득 이런 생각이 든다. 어쩌면 하나님은 우리가 생각하는 것만큼 사랑과 은혜가 많지 않으실지도 모른다…. 실제로 이런 걱정과 두려움이 생길 때 회피해서는 안 된다. 하지만 크게 염려할 필요는 없다. 사실 기독교 신앙은 고난과 고통, 곧 그리스도의 십자가에 초점을 맞추고 있기 때문이다. 기독교는 고난으로 인한 고통과 슬픔을 외면하지 않는다. 오히려, 고난에 정면으로 맞선다. 하나님께서 스스로 고난을 아시며 우리와 고통을 나누신다고 단언한다. 이것을 성찰하면 고난을 새롭게 이해할 수 있다.

예수님은 십자가에서 고난을 당하셨다. 이 놀라운 진술은 기독교의 고난을 이해하는 열쇠다. 다른 사람도 아닌 하나님의 아들이 직접 고통과 죽음을 겪으셨다. 십자가에서 죽으신 그리스도의 죽음을 생각하는 것은, 그저 믿음의 삶에서 고난이 차지하는 위치를 묵상해 보는 것에 그치지 않는다. 그것은 우리를 향하신 하나님의 놀라운 사랑과 자비를 더욱 깊이 인식하며, 예수 그리스도의 복음의 본질을 더 온전히 이해하는 것이다. 처음에는 고난 때문에 선하신 하나님을 의심할 수 있다. 하지만 우리가 이 주제에 대해 깊이 생각하면 하나님이 그리스도 안에서 우리를 위해 이루신 모든 놀라운 일을 더욱 온전히 이해할 수 있다.

우리는 무엇보다 고난을 통해 하나님의 자비와 그리스도인의 소망의 본질에 초점을 맞춘다. 우리는 고난을 생각할 때 그리스도의 부활이라는 위대한 주제를 잊는 경우가 너무 많다. 부활에 대한 소망이 우리의 생각을 지배해야 한다. 그리스도가 오시기 오래 전에, 독배를 마시고 처형당한 헬라 철학자 소크라테스를 기억할 것이다. 그는 아주 당당히 죽음을 맞이함으로써 죽음 앞에서도 인간이 의연할 수 있음을 보여 주는 영원한 본이 되었다. 예수 그리스도는 우리가 죽음 앞에서도 소망을 잃지 않게 하신다. 새 예루살렘에는 고난이 설 자리가 없기 때문이다.

이 짧은 글은, 고난과 그 불편함에 대한 진부한 대답도, 완벽한 해결책도 아니다. 그저 고난에 대한 개인적인 성찰일 뿐이다. 나는 큰 고난을 겪은 적이 한번도 없기 때문에 고난에 대한 글을 쓸 자격이 부족하다. 하지만 나는 다른 그리스도인들과 마찬가지로 이 문제를 깊이 고민했다. 우리의 믿음과 삶의 고난에 대해 생각하는 것이 중요하다고 믿기 때문이다. 나는 개방적인 자세로 다양한 각도에서 고난을 바라보고 생각을 정리했다. 내가 이 책을 쓰면서 스스로 도움을 받았듯이, 독자들이 조금이라도 도움을 받을 수 있다면 나는 그것으로도 충분하다.

목 차

길 위의 시각
발코니의 시각

시간 여유가 좀 있었다. 나는 뉴저지 주에서 유명한 학문의 중심지 프린스턴 대학에 있었다. 강의 전까지 한 시간 정도 시간이 비었다. 나는 프린스턴의 가장 유명한 도서관 중 하나인 스피어(Speer) 도서관에 가 보고 싶었다. 서가를 둘러보는데 존 맥케이(John Mackey)의 『기독교 신학 서론』(*Preface to Christian Theology*)이 눈에 띄었다. 나는 맥케이가 누군지 들은 적이 있었다. 그는 프린스턴 신학대학원의 학장이었기 때문에 그의 책을 한번 읽어 보고 싶던 참이었다. 서가에 기대어 서서 책을 탐독하기 시작했다. 오래지 않아 나는 여러 인상적인 이미지를 사용해 논지를 전개하는 그의 글에

완전히 매료되었다.

맥케이는 2장의 제목을 "두 가지 관점: 발코니와 길"이라고 붙였다. 그는 1920년대 스페인에서 생활하며 상당 기간 스페인어를 공부하면서 보냈기 때문에, 인생의 문제를 바라보는 매우 상이한 두 가지 방식을 이런 비유를 들어 표현했다.

발코니란… 스페인식 가옥의 위층 창문 앞쪽으로 튀어나온 목재 혹은 석재로 된 작은 단을 말한다. 가족들은 저녁이면 거기 모여 구경꾼처럼 거리를 바라보거나 일몰이나 별들을 감상할 수도 있다….

길이라는 것은 치열하게 삶을 살아가는 곳으로, 갈등과 걱정 속에서 사상이 태어나는 곳, 선택을 내리고 결정된 사항들이 이행되는 곳이다. 그곳은 행동의 장소, 순례여행의 장소, 성전(聖戰)이 일어나는 장소, 여행자의 마음속에 근심걱정이 끊이지 않는 장소다. 길에서는 목표를 추구하고, 위험을 겪으며, 혼신의 힘을 쏟는다.

여기서 두 관점이란 **구경꾼**(spectator)의 관점과 **참여자**

(participant)의 관점을 말한다. 발코니에 편안하게 앉아 있는 사람들은 길 위의 사람들이 고군분투하며 여행하거나, 길을 잃어버리거나, 다음에 무엇을 해야 할지 알아내려고 애쓰는 모습을 지켜볼 수 있다. 그들은 여행자들의 문제에 참견할 필요가 없다. 그저 막연한 이론만 내놓을 따름이다.

이 두 관점—발코니와 길, 관찰자의 태도와 참여자의 태도—중 어느 것이 더 중요한가? 맥케이의 말을 들어 보자. "진리는 길에서 발견된다. 사람은 자신의 의지로든, 아니면 섭리적인 환경에 의해 내쳐지든, 발코니에서 길로 내려올 때에만 현실이 무엇인지 비로소 알게 된다."

기독교 신앙이 진정 있어야 할 자리는 길이다. 길 위의 사람들은 실제적인 문제에 직면해 있으며, 그들의 미래와 행복에 영향을 미칠 현실적인 결정을 내려야 한다. 길 위의 사람들은 다음 산언저리 너머에 무엇이 있는지, 혹은 다음 굽이에는 무엇이 기다리고 있는지 모른다. 그들은 마치 어둠 속에서 혼자 힘으로 걸어가고 있는 사람들 같다.

그에 비해 발코니에 있는 사람들은 밑에 있는 사람들, 곧 앞에 놓인 길이 어디로 향하는지, 그들이 가고자 하는 목적지까지 어떻게 가야 할지 알고자 하는 사람들이 자주 경험하는 주저함과 당혹감을 느끼지 않아도 된다. 이런 관점은 이따금 신학자들과 신자들 사이에 존재하는 단절을 이해하는 데 큰 도움이 된다. 최악의 경우 발코니식 접근은 타인의 고난을 그저 구경만 한다. 그들은 저녁상을 물린 후 둘러앉아 고난이 어디에서 오는지 토론을 벌인다. 그리고 밤을 새며 수많은 관련 학문 쟁점들을 놓고 논쟁을 벌인다.

하지만 길을 가는 사람들에게 이 문제는 매우 다르다. 그들은 고난을 받고 있다. 그들은 고난을 극복할 방법을 고심하면서, 고난 속에서 믿음의 삶을 살아간다. 그들은 멀리 떨어진 안전한 곳에서 고난을 관찰하고 있는 것이 아니라 고난을 직접 겪고 있다. 그들이 겪는 어려움은 이론이 아니라 실제다. 그들이 길을 계속 갈 수 있도록 도와줄 누군가가 필요하다. 무심하게 동떨어진 발코니의 관점은 그들에게 전혀 도움이 안 된다.

하지만 반드시 그런 것은 아니다. 높은 발코니에 앉아 있는 사람들도 길 위의 사람들에게 도움을 줄 수 있다—특히 그들이 동료 여행자라면 더욱 그렇다. 최선의 경우 발코니의 관점은 크게 도움이 될 수 있다. 발코니에 앉아 있는 사람들은 높은 곳에 있기 때문에 더 멀리 볼 수 있다. 그들은 길이 움푹 팬 곳이나 웅덩이뿐만 아니라 장엄하게 눈부신 일몰, 혹은 별이 총총한 밤하늘도 볼 수 있다. 길 위의 사람들이 다음 모퉁이까지만 볼 수 있을 때도, 발코니에 앉은 사람들은 그 길이 어디로 향하고 있으며 무엇을 비켜가고 있는지 볼 수 있다. 발코니는 길을 알 수 있는 관점을 제공해 준다.

어떻게 도움을 줄 수 있는가? 앞서 소개한 맥케이의 이미지를 생각해 보자. 상상력을 동원하여 뜨거운 먼지투성이의 하루가 끝난 직후, 길 위에 높이 솟아 있는 스페인식 발코니를 떠올려 보자. 길 위에는 사람들의 무리가 정처 없이 이리저리 움직이고 있고, 밝게 빛나는 발코니 위에서는 대화 소리가 얼핏얼핏 들려온다. 이제 그들이 오늘밤 여행 준비를 하면서 생각할 만한 질문을 상상해 보자. 어느 길로 가야 할까? 그 길은 어디로 나 있을까? 안전할까? 저 모퉁이를 돌아가면, 혹은 저 산언덕을 넘어가면 무엇이 있을까?

높은 발코니에 앉아 있는 사람들은 여행자들의 질문을 우연히 듣게 되었다. 그들은 원하기만 하면 발코니에서 내려와 길 위의 사람들을 도와줄 수 있다. 길 위의 사람들에게 산언덕 너머에서 그들이 보았던 것을 말해 줄 수 있다. 이전에 그 길을 걸어간 사람들도 비슷한 질문과 비슷한 고민을 했다고 그들을 안심시킬 수도 있다. 그들은 과거에 발견된 것을 지금 필요한 사람들에게 전해 줌으로써, 과거 여행자들의 축적된 지혜를 함께 나눌 수 있다. 간단히 말해, 그들은 여행자의 여정을 훨씬 더 수월하게 만들어 줄 수도 있는 것이다.

발코니에 앉은 사람들이 길 위의 사람들의 이야기를 듣게 된 것과 마찬가지로, 신학자들은 아주 먼 과거부터 현재에 이르기까지 그리스도인들이 어떻게 고난의 문제로 씨름해 왔는지 설명할 수 있다. 중세의 위대한 저술가였던 살리스버리의 요한(John of Salisbury)은 신학자가 마치 "거인의 어깨에 앉아 있는 난쟁이"와 유사하다고 말했다. 그들은 더 많이, 더 멀리 볼 수 있었다. 그들이 위대해서가 아니라, 그들을 어깨에 태우고 있는 거인의 키가 컸기 때문이다. 발코니에 앉아 있는 것은, 세대를 걸쳐 새로울 것 없는 이 문제와 씨름해 온 수많은 기독교 사상가들의 어깨에 앉아 있는 것과 같다. 따라서 처음부터 시작할 필요가 없다. 그들을 출발점으로 삼을 수 있기 때문에 그렇다.

신학자들은 오늘날의 신자들에게 과거의 대화들을 들려줄 수 있는데, 이는 그리스도인의 삶에서 고난의 목적과 방향에 대해 설명해 줄 수 있는 대단히 훌륭하고 발전적인 방법이다. 이런 대화는 도움이 될 수 있다. 사람들은 이런 대화를 들을 수 있어야 한다. 스위스의 위대한 신학자 칼 바르트(Karl Barth)는 이렇게 썼다.

우리는 교회의 일원으로서 현재의 신학만큼이나 과거의 신학에도 똑같이 책임을 져야 한다. 아우구스티누스(Augustine), 토마스 아퀴나스(Thomas Aquinas), 루터(Luther), 슐라이어마허(Schleiermacher) 등은 죽지 않고 살아 있다. 그들은 지금도 우리에게 들으라고 말한다. 그들과 우리는 똑같은 교회의 일원이다.

발코니에 앉은 사람들이 길 위의 사람들과 관점이 다른 것과 마찬가지로, 신학자들은 고난을 다른 관점에서 볼 수 있도록 도와준다. 그들은 신자를 위한 하나님의 목적이라는 전체적인 맥락에서 고난을 바라보려고 애쓴다. 발코니는 아주 쉽게 상아탑, 곧 세상에서 도피하는 길이 될 수 있다. 하지만 마르틴 루터가 지적했듯이, 그럴 필요도 없고 그래서도 안 된다. 참된 신학자란 하나님의 백성과 함께 고난 받으며, 하나님의 목적과 섭리 안에서 고난의 의미가 무엇인지 풀어 보려고 애쓰는 사람이다. 신학자는 고난에 참여하면서, 참된 관점을 얻기 위해 고난을 어떻게 새로운 시각으로 볼 수 있는지, 또는 영적 성숙을 위해 고난이 어떤 역할을 할 수 있는지 묻는다.

신앙의 삶에서 고군분투하는 사람들은 위로받고 다시 자신감을 찾아야 한다. 하지만 위로는 참된 것이어야 한다. 그 위로는 선의의 속임수가 아닌 기독교 진리의 근본 사실에 기초하고 있어야 한다. 고난이 닥칠 때 음침한 골짜기를 지나는 사람에게 무슨 말을 할 수 있을까? 어떻게 위로할 수 있을까?

신학이 고난을 완전히 제거할 수는 없다. 그러나 새로운 관점을 제공할 수는 있다. 상황은 변하지 않을 수도 있지만 상황에 반응하는 방식은 변할 수 있다. 신학자는 신자들에게 그들의 믿음이 타당하다고 안심시키고, 그 믿음을 삶의 수수께끼에 적용시키도록 도울 수 있다. 믿음이란, 우리가 사물을 보고 체험하는 방식에 매우 중요한 차이를 가져온다. 태양이 의인과 악인을 차별 없이 비추는 것처럼, 신자나 불신자도 고통과 죽음을 피하지 못한다. 중요한 차이는, 그들이 자신에게 일어나고 있는 일을 어떻게 경험하고 이해하는가이다.

앞으로 살펴보겠지만, 복음은 우리가 고난을 긍정적으로 생각하도록 이끌어 준다. 신학자는 그 이유를 설명하고, 고난을 긍정적으로 생각하는 것이 현실도피가 아니라고 안심시킬 수 있다. 고난에 대한 그리스도인의 견해는 하나님의 자기 계시에 근거하고 있는 것이지, 절망에 빠진 인간이 상상력을 발휘해서 만들어 낸 것이 아니다.

마지막으로, 신학자는 고난에 대한 기독교적 접근이 **진실**이라고 우리를 안심시킨다. 그렇다면 이것이 현실 감각이 부족한 이상주의자들이 꿈꾸던, 입에 발린 위로의 철학이 아니란 것을 어떻게 알 수 있는가? 인간은 천성적으로 가치나 신뢰의 높낮이를 거꾸로 정하는 것 같다. 우리는 중요한 약속일수록 의심한다. 누군가가 우리에게 더 많은 것을 주겠다고 약속할수록 우리는 그 사람을 더 의심한다. "분명 어딘가에 함정이 있을 거야!" 신학자는 길 위의 사람이 고난을 겪을 때 그들이 품는 소망이 진짜라고 안심시

킬 수 있다. 그들은 그 소망이 어떻게 예수 그리스도의
삶·죽음·부활에 근거하고 있는지 보여 준다.

내가 붙들고 씨름했던 많은 신학적·철학적 글들은, 고
난 때문에 당혹하거나 혼란에 빠진 사람들에게 조금이라도
도움이 될 만한 말을 해 주기보다는, 오히려 고난을 허용하
시는 것처럼 보이는 하나님이 흠이 없는 분이심을 확인하
는 데 훨씬 더 큰 관심을 기울였다. 고통을 겪고 있는 사람
에게 흠이 없으신 하나님을 복잡한 신학으로 변론하거나,
심지어 고난이 필요악이라는 미묘한 논리를 펼치는 것은
백해무익하다.

그런 논의도 필요하기는 하다. 그러나 거기에는 고통에
직면하여 위로와 자신감이 필요한 애통하는 사람들에 대한
배려가 빠져 있는 경우가 너무 많다. 고난은 단순히 신학적
인 문제가 아니라 목회적·영적 문제다. 나는 이 책에서 하
나님의 대변인이나 하나님 측 변호인으로 활동할 생각은
조금도 없다. 하나님은 자기 일을 충분히 알아서 하실 수
있기 때문이다. 진짜 문제는 하나님의 명예나 무흠함을 변
호하는 것이 아니라, 우리 경험의 의미를 이해하는 것이다.
우리는 어떻게 하나님을 고난의 세상과 연결시킬 수 있는

가? 우리는 고통의 상황을 이해하고, 그것을 탐구해야 할 필요가 있다. 내가 이 책에서 보여 주고자 하는 것은, 깊이 있는 기독교적 사고를 통해 우리의 고난을 이해하려고 노력하면 변화하고 성숙하여 새로운 관점을 얻을 수 있다는 점이다.

그리스도인이 된다고 해서 고난을 피할 수 있는 것은 아니다. 하나님은 신자들을 이 세상에서 불러내어 모든 어려움이 사라진 안락한 기독교적 환경으로 옮기시지 않는다. 신자는 세상에 남아 고난에 참여하고 안으로부터의 변혁에 부름 받았다. 그리스도의 십자가는, 하나님께서 자신이 창조한 세상을 구속하시기 위해 직접 고난 받으실 준비가 되어 있었을 뿐 아니라, 타락한 세상을 이전의 영광으로 회복시키기 위해 자기 백성들에게도 동일한 헌신과 고난에 참여할 것을 기대하신다는 사실을 엄숙하고 강력하게 상기시킨다. 고난에 대한 기독교적 태도는, 하나님의 은혜로 말미암아 우리가 겪는 고난이 우리를 더욱 긍정적으로 변화시키고 다른 사람들을 더 잘 돌아보는 개인과 공동체를 이룰 수 있다는 든든한 믿음에 뿌리를 두고 있다. 올바른 관점을 가지고 하나님께 치유의 손길을 구한다면, 고난은 영광스러운 것으로 변화된다. 그것은 우리가 하나님께 더 가까이 나아갈 수 있는 통로이며, 마지막 때 새로운 예루살렘을 드러내는 징조이기 때문이다. 그곳에서 우리의 고난은 단지 추억이 되어 있을 것이다.

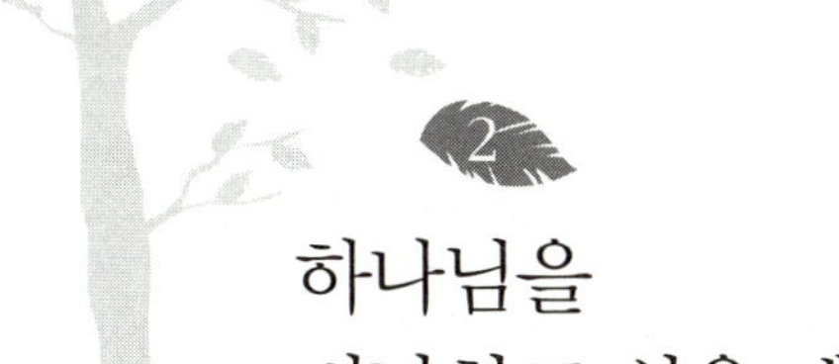

하나님을
비난하고 싶을 때

고난에 대한 글을 쓴 많은 저자들은 19세기 러시아의 대문호 표도르 도스토예프스키의 글에서 크나큰 영감을 얻었다. 도스토예프스키는 그의 책 『카라마조프가의 형제들』에서 가슴이 미어질 듯이 비참한 사건을 하나 이야기한다. 한 포악한 러시아 통치자가 어떤 불행한 어린아이 앞에 개 수십 마리를 풀어놓고 아이를 갈기갈기 찢어 버리게 한다. 소설의 주인공 중 하나인 이반 카라마조프는 이런 행동에 대해 강력히 항변하면서 하나님이 그 문제를 책임져야 한다고 단언한다.

칼 마르크스가 썼듯이 "중요한 것은 세상을 이해하는

것이 아니라 변화시키는 것이다.” 그의 말이 옳다면 고난을 없애지 못하는 이론은 쓸데없다. 마르크스주의자의 눈에는 카라마조프의 항의는 전혀 효과가 없다. 하나님이 그 문제를 책임져야 한다고 주장할 수는 있을 것이다. 그래서 어떻단 말인가? 그는 모종의 도덕적 진술을 하고 있지만 그렇다고 해서 세상의 고난이 없어진단 말인가?

나는 십대 시절 마르크스주의에 대단한 매력을 느꼈다. 내 또래의 많은 사람들과 마찬가지로, 나는 그것을 사회의 고난과 불의에 대한 해답이라고 보았다. 나는 이상주의자였으며, 많은 젊은이들처럼 실현 가능해 보이는 이상에 넋을 잃었다. 마르크스주의는 그런 이상주의에 호소했으며 그것을 더욱 부채질했다. 그것은 고난에 대한 해답을 가지고 있는 듯했다. 그들이 보는 고난은 자본주의의 비인간적 사회 상황과, 불완전한 경제 상태, 그리고 정치적 부패의 결과였다. 자본주의를 폐지하라, 그러면 세상의 모든 악이 멈출 것이다. 혁명이 일어나면 고통은 마침내 종식될 것이며 인류 역사의 새 시대가 밝아 올 것이다.

마르크스주의는 대단히 매혹적인 비전이었다. 왜 내가 많은 사람들처럼 그것에 동참하고 그것이 성취되기를 열렬히 고대했는지 쉽게 이해할 수 있다. 하지만 그것은 그저 꿈일 뿐이었다. 대부분의 이상주의가 그렇듯이 그것은 실현 불가능한 유토피아적인 것이었다. 1519년 영국의 정치가이자 학자인 토머스 모어(Thomas More)는 '유토피아'라는 단어를 만들어 냈는데, 그 말은 '존재하지 않는 낙원'이라는 의미였다. 인간의 본성은 미래에 대한 이상주의적 환상을 통해 소망을 부여함으로써 활력을 계속 유지하는 것이며, 그러기 위해서는 유토피아가 필요하다. 마르크스주의는 나를 비롯한 많은 사람들에게 그 필요를 채워 주었다.

나는 미국의 작가 링컨 스티븐(Lincoln Steffens)과도 같았다. 그는 러시아 혁명이 일어난 지 2년 후 1919년에 소련을 방문하고 이렇게 말했다. "나는 미래를 방문하고 왔다. 모든 일이 제대로 돌아가고 있었다." 하지만 그후 소련은 모든 유토피아가 그랬듯이 주민들에게 비난과 불신임을 받았다. 어떤 믿음이 지니는 매력은 그것의 진실성과 반비례하는 경우가 너무 많다. 우리가 어떤 것을 더 믿고 싶어 할수록 그 믿음은 진리에 근거하고 있을 가능성이 더 적다. 그 때문에 신학이 반드시 해야 할 일은, 기독교의 소망이 유토피아적인 것이 아니라 실제로 존재하는 것이라고 신자들을 안심시키는 것이다.

　소련과 여러 전투적인 무신론적 국가들의 사례를 살펴보면, 하나님에 대한 믿음을 버리면 인류를 고통에서 해방시키기는커녕 실제로 훨씬 더 많은 고통을 야기한다는 것을 알 수 있다. 하나님에 대한 믿음은 중대한 억제 요소이다. 그것은 다른 사람을 고통스럽게 하는 사람을 하나님께서 정죄하신다고 강조함으로써 인간의 악을 억제한다.

　어떤 신념이 실제로 고난을 제거할 수 없으면서 하나님을 비난한다면 허울뿐인 말에 불과하다. 상황을 바꿀 수 없는 이론은 무의미하다. 고통을 제거하거나 고통을 이해하는 방식을 바꾸지 못한다면, 무신론은 권장할 만한 것이 못된다.

　그러나 한편으로 마르크스주의만 특별히 순진하다거나 착각에 빠져 있다고 비난하는 것은 잘못일 것이다. 현대 서구 문화 역시 고난을 극복할 수 있다는 환상을 조성한다. 사람들은 더 나은 교육을 받으면 고난의 원인들이 제거될 것이라고 말했으나 그런 일은 일어나지 않았다. 사람들은 의학이 더 발달하면 인간의 고난이 경감될 것이라고 자신 있게 말했지만 고난의 근본 원인들은 여전히 남아 있다. 의

료진들은 기껏해야 진통제를 능숙하게 사용하여 고통을 줄일 수 있을 뿐이다. 간단히 말해, 서구 자유주의의 꿈은 사회가 진화하면 용감한 신세계가 동터 옴으로 인간의 비참함이 제거될 것이라고 소망했다. 하지만 낙원은 다시 연기된 듯하다.

많은 사람들은 이런 가혹한 현실에 적절하게 대응하지 못하고 있는 것 같다. 그들은 인간의 본성이 어딘가 왜곡되어 다른 사람들에게 고난을 가한다는 사실을 인정하는 대신, 세상의 모든 해악에 대해 하나님을 비난하는 손쉬운 해결 방편을 택했다.

많은 유대인들은 제2차 세계대전을 겪으면서, 특히 대학살을 경험하면서 무신론자가 되었다. 하지만 유대인 대학살을 꾀한 것은 하나님이 아니었다. 그것은 인간이 꾀한 일이었다. 원자폭탄을 개발한 것은 하나님이 아니었으며, 하나님이 그 폭탄을 히로시마에 투하한 것도 아니었다. 스탈린 대숙청 때 살해부대(liquidation squad)를 지휘한 것은 하나님이 아니었다. 그것은 악하고 타락한 인간들의 소행이었다. 이런 가공(可恐)할 사실은, 인간의 기본적인 선함을 공리공론처럼 주장하는 자유주의의 피상적인 낙관론을 산산

이 부수어 버린다. 인류의 어두운 부분은 편리하게 제거된다. 파스칼은 인간의 본성을 "우주의 쓰레기이며 영광"이라고 여겼다. 엄청난 예술적·문화적·도덕적 존재로 높이 비상할 수도 있지만, 또 한편으로 가장 소름끼치는 깊이까지 떨어지기 쉬운 것이 우리 인간이다. 하나님을 비난하는 것은 인간의 책임을 노골적으로 피해 보려는 것으로, 비현실적일 뿐 아니라 부당하다.

그렇다면 다음과 같은 질문을 해보는 것이 더 도움이 된다. 왜 우리는 사람들이 고난당할 때 하나님께 화를 내는가? 왜 우리는 우리가 사랑하는 누군가가 고난 받고 죽을 때 그처럼 괴로워하는가?

누군가가 죽을 때 느끼는 상실감과 슬픔은 우리가 그들을 얼마나 사랑하느냐에 비례한다. 누군가에 대해 전혀 신경 쓰지 않고 모든 사람을 대단히 초연한 감정으로 대한다면 우리는 더 이상 상심하지 않을 것이다. 그렇게 되면 우리는 옛 스토아주의자처럼 주변 사람들의 고난과 죽음에 영향을 받지 않게 될 것이다. 이것을 삶의 철학으로 삼으면 유익한 점이 많을 듯하다. 고난의 문제는 금세 사라진다(물론, 우리 자신이 고난을 받아야 하는 경우가 아니라면 그렇다). 하지만 그 대가는 엄청나게 크다. 그 대가가 너무 커서 보통 사람이라면 그 태도를 진지하게 받아들이지 못할 정도이다. 왜 그런가? 인간 본성의 가장 기본적인 측면 중 하나, 곧 다른 사람에 대한 사랑과 보살핌이라는 측면을 제거해야 하기 때문이다. 인간의 본성에는 다른 사람들을 돌보고 또 보살핌을 받고자 하는 갈망이 있다. 테니슨(Tennyson)이 쓴 〈기념비〉(In Memoriam)라는 시의 몇 행은 핵심을 찌른다.

사랑받았다가 잊혀지는 것이 더 낫다
한번도 사랑을 받아보지 못한 것보다는.

사랑하는 사람들이 고난을 받을 때 우리도 고난 받는다. 사랑은 우리를 다른 사람들의 삶과 하나로 묶어 주며, 그들의 고난이 우리의 삶에까지 넘쳐흐르게 해 주는 연결고리다. 사랑과 고난 사이에는 쓸쓸하면서도 달콤한 결속이 있다. 앞으로 살펴보겠지만, 십자가 자체가 그 결속을 보여 주고 더욱 강하게 한다.

예수님은 친구 나사로를 위해 우셨다. 그 눈물을 목격한 사람들은 그것이 무엇을 의미하는지 깨달았다. "보라 그를 얼마나 사랑하셨는가"(요 11:35-36). 사랑은 그리스도와 나사로를 이어 주는 것이었으며, 그 때문에 예수님은 나사로의 곤경을 보시고 마음이 아파 눈물을 흘리셨다. 복음은 우리가 서로 사랑하고 상대의 짐을 질 것을 요구한다. 하지만 다른 사람을 더 사랑할수록 그들이 고난 받을 때 더 마음이 아프고 슬퍼진다. 사랑하라는 명령은 다른 사람의 고난을 함께하라는 명령이다.

이런 통찰은 고난에 대한 모든 책임 있는 기독교적 접근에서 매우 중요하다. 우리가 사랑하는 사람의 고난 때문에 마음이 찡해지듯이, 하나님도 자신이 사랑하는 사람의 고통과 슬픔을 보면서 마음이 찡해지시기 때문이다. 하나님이 그리스도인을 얼마나 사랑하시는지는 의문의 여지가 없다. 우리가 그 사랑의 깊이를 충분히 알도록 하기 위해 하나님의 그 아들이 죽으셨다. 하나님은 우리의 고난에 영향을 받지 않으시는 것이 아니다. 그리스도가 죽은 나사로를 보고 우신 것처럼, 우리가 친구들이 고난 받고 죽는 것을 보고 애도할 때 자비하신 하나님도 우리 곁에서 우신다. 역사의 기록은 우리 하나님의 눈물로 얼룩져 있다. 그분은 "다시 사망이 없고 애통하는 것이나 곡하는 것이나 아픈 것이 다시 있지 아니"(계 21:4)할 날을 이루기 위해 일하시는 분이다.

이렇게 될 때 자연스럽게 다음 질문이 제기된다. 왜 하나님은 지금 바로 고난을 완전히 없애지 않으시는가?

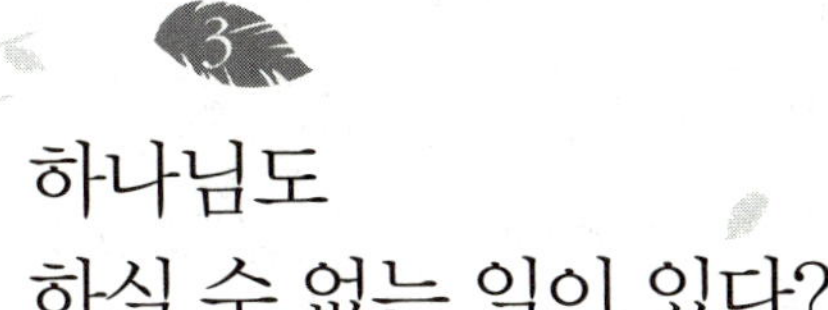

하나님도
하실 수 없는 일이 있다?

하나님이 무엇이든 하실 수 있다면 왜 고난을 끝장내지 않으시는가? 그분이 전능하시다면 왜 고난을 없애라는 명령을 내려서 즉각 효력이 발생하게 하지 않으시는가? 나도 그런 생각을 한 적이 여러 번 있다. 그리고 결코 나만 그렇게 생각하는 것도 아니다. 거의 모든 사람이 삶의 어느 순간에 이러한 질문을 던진다. 그리스도인이 그 질문에 의무적으로 대답해야 하는 것은 그 질문이 독창적이어서가 아니라 너무나 익숙하기 때문이다.

문제는 이렇게 요약할 수 있을 것이다. 하나님은 전능하시다. 그 말의 의미는 간단하다. 하나님은 마음만 먹으면 무슨 일이든 하실 수 있다. 여기서, 우리는 대부분의 신학적 논의에서 소외되어 분개한 논리학자들이 한마디 끼어들 자리는 마련해 주어야 한다. "하나님은 네모난 원을 만들 수는 없다! 그렇게 한다면 하나님은 자가당착에 빠지는 것이다." 이 말이 지닌 논리는 흠잡을 데 없다. 네모와 원은 둘 다 모양이다. 그것은 서로 다른 모양이다. 그러므로 하나의 모양이 네모이면서 동시에 원일 수는 없다. 하나님은 원을 만들 수 있다. 그분은 네모도 만들 수 있다. 하지만 네모난 원은 만들지 못한다. 우리는 논리학자들의 기여에 감사하면서 그냥 넘어갈 수 있을 것이다. 그것이 한 번은 유용하게 사용되기를 바라며 기억 한 구석에 저장해 놓을 수는 있을 것이다. 하지만 진짜 문제는 다른 데 있다.

진짜 문제는 우리가 하나님에 대해 생각할 때 제대로 된 비판력이 없다는 것이다. 우리는 하나님이 어떤 분이신지 이미 정확하게 알고 있는 것처럼 생각하는 경향이 있다. 우리는 그분에 대해 아무것도 들을 필요가 없다. 우리는 멋대로 추측하기 시작한다. 하나님은 무엇이든 하실 수 있다. 당연하다. 그렇게 하실 수 없다면 하나님일 리가 없지 않은가? 하지만 이런 생각은 실제로 어디에서 온 것인가? 조금

더 어려운 질문을 던져 보자. 그것은 하나님에 대한 기독교적 이해와 조화되는가? 사실 그렇지 않다. 우리는 기독교가 실제로 하나님에 대해 무엇이라고 말하는지 매우 주의 깊게 조사해 보아야 한다. 그럼으로써 많은 사람들의 생각이 잘못임이 드러날 수도 있다. 이를테면 고난의 문제 같은 것 말이다. 그러므로 이 점을 염두에 두고서 이 질문을 탐구해 보도록 하자.

하나님은 정말 무엇이든 할 수 있는가? 예를 들어, 그분은 누군가에게 그분을 미워하라고 명령할 수 있는가? 얼핏 보면 여기에는 논리적인 모순이 없다는 것을 알 수 있다. 하지만 여전히 뭔가 엄청나게 잘못되어 있는 것처럼 보인다. 진술 자체에는 모순이 없다 하더라도, 그것은 우리가 하나님의 성품에 대해 알고 있는 모든 것과 정면으로 어긋난다. 손상되는 것은 논리가 아니라 기본적인 기독교다. 문제는 내부적인 것(논리에 대한)이 아니라 외부적인 것(그것이 암시하는 신관에 대한)이다. 또 다른 예를 들어보자.

하나님은 하나님을 믿기로 한 모든 사람이 구원받지 못하게 할 수 있는가? 논리적으로 얼핏 보면 이런 가능성이 있다 해도 아무 문제가 없어 보인다. 네모난 원 등의 함정이 배후에 잠복하고 있지도 않다. 논리적인 차원에서 하나님은 전능하시기 때문에 그분을 믿는 모든 사람을 구원하지 않는다고 선포하는 데 아무런 어려움이 없다.

그러나 기본적인 기독교의 믿음은 완전히 유린된다. 마음속 깊은 곳에서 우리는 하나님이 전혀 그런 분이 아니라는 것을 알고 있기 때문이다. 성경은 우리가 하나님을 그런 식으로 생각하도록 허용하지 않는다. 우리가 알고 사랑하는 하나님은 그분을 믿는 사람을 구원하겠다고 성경에서 약속하셨다. 하나님이 그들을 구원하지 않으신다면 하나님에 대해 우리가 아는 모든 지식은 모순이 될 것이다. 그분은 자신의 약속을 어기게 될 것이다.

하지만 논리학자들은 약속을 어긴다고 해서 논리적으로 모순 될 것은 전혀 없다고 즉시 대답할 것이다. 뭐가 문제인가? 왜 전능한 존재라고 해서 약속을 어기면 안 된단 말인가? 전능하다는 것은 능력에 해당하는 말이지, 도덕성을 뜻하는 의미는 아니다.

이 문제가 도덕적인 난제임은 분명하다. 하지만 하나님의 성실함을 무효로 만들어 버릴 수도 있는 상황이라도 논리는 전혀 손상되지 않는다. 이런 설명에 "신학에서는 논리를 지나치게 많이 사용한다!"고 반박할 수도 있을 것이다. 하지만 신학적 가정의 영역에서 이런 작은 논쟁을 벌이다 보면, 고난이라는 문제가 지닌, 중요하지만 소홀히 여겨지는 측면이 드러난다.

간단한 사실은, 이제 하나님은 모든 것을 하실 수는 없다는 것이다. 그분의 손은 묶여 있다. 그분은 여러 가지 약속을 하셨다. 그분의 행동의 자유를 제한하는 약속이다. 그분은 약속을 충실히 지키신다. 그분의 약속은 독단적이지 않다. 그것은 하나님의 변치 않으시는 성품을 반영하며 거기에 의거하고 있다. 하나님의 약속은 하나님이 어떤 분이신지 말해 준다. 그것은 우리에게 구원을 제공해 줄 뿐 아니라 하나님의 일관됨과 신실함을 표현한다. 하나님의 **약속**은 하나님이 **어떤 분이신지** 나타낸다.

몇 가지를 더 살펴보는 것이 순서다. 우리가 아는, 우주가 창조되기 전 영원 가운데 계시던 하나님의 모습을 상상해 보자. 그분은 어떤 선택권이 있었을까? 분명 다음 두 가지가 있었을 것이다.

1. 우주를 창조하는 것

2. 우주를 창조하지 않는 것

이 두 가지 가운데 어느 한쪽을 택하는 것은 전적으로 하나님 마음이다. 두 선택권이 상호 배타적이라는 것에 주목하자. 한 가지를 선택하면 다른 것은 하지 못한다. 하나님은 그 두 가지를 다 하실 수는 없다. 그분이 약하거나 능력이 없어서가 아니라, 단지 그것이 말도 안 되기 때문이다. "하나님은 우주를 창조하실 수 있고, 동시에 우주를 창조하지 않으실 수 있다"는 말은 완전히 무의미한 언어의 조합으로, '하나님'이라는 말이 맨 처음에 들어갔다 해서 갑자기 의미가 통하게 되는 것은 아니다(아마 논리도 결국은 나름대로 쓸모가 있을 것이다!).

하지만 이런 가능성 중 하나가 실현될 때 무슨 일이 일어나는가? 하나님이 우주를 창조하기로 했다고 하자. 기독교에서 가르치듯이 이런 결정은 하나님 자신의 성품에 의거하고 있다. 그것은 하나님께 강요된 것이 아니라 하나님이 자신의 변치 않는 성품을 따라 택하신 것이다. 그것은 그분의 성품과 목적을 표현한다. 그러므로 그분은 적당한 때에 우주를 창조하신다. 하나님이 그저 마음이 바뀌었다는 이유만으로 이 우주가 더 이상 존재하지 않도록 하실 수 있을까?

그렇지 않다. 우주를 창조하겠다는 하나님의 결심은 그분 자신의 성품을 표현한다. 그것은 독단적이거나 협상의 여지가 있는 것이 아니다. 하나님의 결정은 하나님의 성품을 표현한다. 게다가 하나님의 성품은 변하지 않는다. 그분은 자신의 존재에서나 자신이 하는 일에서나 일관성이 있으시다. 하나님이 일단 행동을 취하시면 그분은 자신의 행동에 속박 당하신다. 그분은 결정을 내리셨다. 스스로 자신의 행동의 자유에 한계를 두셨다.

세상이 창조되기 전 영원 속에서 하나님께 있었던 두 가지의 상이한 가능성을 다시 생각해 보자.

1. 회개하고 그분께 돌아오는 모든 사람을 구원하시기로 함
2. 회개하고 그분께 돌아오는 모든 사람을 구원하시지 않기로 함

(이 선택권 중 어떤 것도 논리적인 문제는 없다는 것을 유의하자.)

성경은 하나님이 이 두 가지 중 첫 번째 것을 선택하셨

다고 단언한다. 우리가 그리스도를 통해, 그리고 성경에서 하나님에 대해 아는 모든 것은 주저 없이 이 사실을 가리킨다. 하지만 그분은 마음을 바꿀 수 있을까? 그분이 이제는 게임규칙이 바뀌었으며 이 순간부터는 회개하고 그분께 돌아오는 모든 사람이 구원을 받지 못할 것이라고 선포하실 수 있을까?

그렇지 않다. 약속은 그 약속을 하는 사람의 신실함에 달려 있다. 그것은 그 약속의 **내용**(우리에게 제공되고 있는 것)과 그것을 제공하는 분의 **신실성**, 둘 다를 표현한다. 하나님은 특정한 방식으로 행동하기로 약속하셨다. 그분은 명확한 구원의 과정을 확정하셨는데, 그 과정은 역사가 끝날 때까지 적용될 것이다. 그분은 신실하고 신뢰할 만하며 그분의 아들인 예수 그리스도 안에서 인 치시고 선포한 약속을 취소하지 않으실 것이다.

하나님은 신실하고 믿을 만한 분이시다. 바로 그것 때문에 그분은 무엇이든 다 하실 수는 없다. 이런 주장은 이상하게 들릴지도 모른다. 하지만 조금만 생각해 보면 중대한 점을 분명히 깨닫게 된다. 믿을 만하다는 것은 약속을 깨뜨리지 않는다는 것, 그리고 그것을 넘어 약속을 깨뜨릴 수 없다는 것을 의미한다. 그것은 독단적으로 생각을 바꿀 수 없다는 점을 뜻한다. 다음 두 진술을 생각해 보자.

1. 하나님은 생각을 바꾸실 수 있으며 과거의 약속에 제한을 받으실 필요가 없다.
2. 하나님은 약속을 신실하게 지키신다.

논리적으로 보면 이 진술은 둘 다 완벽하게 받아들일 만하다. 하지만 논리학자들은 즉시 중대한 점을 하나 덧붙인다. 두 진술이 동시에 참일 수는 없다는 것이다. 첫 번째 진술이 참이라면 두 번째 진술은 거짓이다. 그 반대도 마찬가지다. 그렇다면 신학자는 두 번째 것이 참이라고 주장할 것이다. 그렇기 때문에 하나님은 어떤 것이든 다 하실 수는 없다. 그분의 선택권은 제한되어 있다. 그분이 제한하기로 하셨기 때문이다.

당신이 전능하다면 당신은 하고 싶은 것을 할 수 있다. 하나님이 완전히 전능하시다면, 논리적으로 불가능한 것을 빼고는 어떤 것이라도 선택하실 수 있다. 하지만 단순한 사실은 그리스도인들이 예배드리는 하나님, 예수 그리스도 안에서 그분을 통해 자신을 알리시는 하나님은 불변하시고, 일정하시며, 신실하다는 것이다.

오크햄의 윌리엄(William of Ockham) 같은 중세 후기의 위대한 신학자들은 무엇이 문제인지 너무나 잘 알고 있었다. 사도신경 첫 번째 행인 "전능하…신 하나님 아버지를 믿사오며"에 대한 유명한 논의에서, 오크햄은 즉시 '전능하신'이라는 믿을 수 없을 정도로 단순한 말이 정확하게 무슨 의미인지를 묻는다. 그는 그것이 하나님께서 **이전에** 모든 것을 자유롭게 하실 수 있었다는 의미라 할지라도, **현재**에도 모든 것을 하실 수 있다는 의미는 아니라고 주장했다. 하나님은 사랑이 많고 의로우신 뜻을 반영하는 질서를 확립하셨다. 그리고 그 질서는 일단 확립되고 나면 세상 끝날까지 그대로 있을 것이다.

오크햄은 이 서로 다른 선택권을 설명하기 위해 두 가지 용어를 사용한다. **하나님의 절대적 능력**(absolute power of God)은 하나님이 어떤 행동 과정 혹은 세상의 질서를 세우는 일에 관여하시기 전에 가지고 계셨던 선택권을 말한다. **하나님의 정해진 능력**(ordained power of God)은 창조주 하나님의 뜻을 반영하는 사물의 존재 방식을 말한다. 이것은 지금 하나님이 취하실 수 있는 서로 다른 두 종류의 선택권을 나타내는 것이 아니다. 그것은 인간 구원의 역사에서 서로 다른 두 순간을 나타낸다. 우리는 하나님의 정해진 능력, 현재 하나님이 자신의 피조물을 명하시는 방식에 관심이 있다.

오크햄이 보기에 하나님은 이제 모든 것을 하실 수는 없다. 그분은 의도적으로 자신의 가능성을 제한하셨다. 하나님은 전능하심으로 자신의 선택권을 제한하기로 하셨다. 그것은 모순인가? 그렇지 않다. 하나님이 정말로 무엇이든 하실 수 있다면 그분은 스스로 어떤 행동 과정에 관여할 수 있어야 하며 계속 관여한 채 존재하실 수 있어야 한다. 그렇지 않다면 하나님은 하실 수 없는 것이 있다는 말이며, 그분의 전능하심에 의문이 제기되는 것이다. 오크햄의 접근은 오랫동안 간과되어 왔으나 이젠 높이 평가되어야 한다. 그것은 하나님의 전능하심에 대해 책임 있고 유용하며, 철저히 기독교적인 접근을 나타내기 때문이다.

또 다른 견해는 하나님과 그분의 백성 사이의 언약이라는 개념에 초점을 맞춘다. 하나님은 자기 백성과 언약을 맺으셨다. 그 언약에 의해 그분은 그들의 하나님이 되기로 맹

세하신 것이다. "내가 나의 법을 그들의 속에 두며 그들의 마음에 기록하여 나는 그들의 하나님이 되고 그들은 내 백성이 될 것이라"(렘 31:33). 이것은 약속과 헌신을 나타낸다. 하나님은 지금 이 약속을 깨뜨릴 수 있는가? 그분은 이런 헌신을 취소할 수 있는가? 그렇지 않다. 그렇게 되면 하나님은 그분의 성품에 전혀 맞지 않게 행동하는 셈이 될 것이다. 하나님은 약속을 하셨으면 지키신다. 그분의 선택권은 한편으로는 그분의 약속에 의해, 그리고 다른 한편으로는 그분의 신실하신 성품에 의해 제한된다. 그분은 더 이상 **모든 것**을 하실 수는 없다.

그렇다면 하나님이 전능하시다는 모든 추상적인 이야기는 어떻게 되는 것인가? 짧게 답하면, 그것은 약간 망가졌다는 것이다. 말쑥하게 단순화시킨 철학자들의 논리는 누더기가 되어 버렸다. 하나님은 실로 전능하시다. 하지만 그것이 그분이 어떤 일이든 모두 하실 수 있다는 의미는 아니다. 그분의 선택들은 제한되어 있다. 이런 제한은 하나님이 조금이라도 약하시거나 실패하셨기 때문이 아니라, 의도적으로 자신의 선택을 제한하기로 결단하셨기 때문에 생겨난 것이다. 그것은 하나님께 부과된 것이 아니라 스스로 부과

하신 제한이다. 하나님만이 그분 자신의 행동 과정을 제한하실 권리와 능력이 있다.

그렇다면 이런 생각은 인간의 고난에 어떤 의미를 지니고 있는가? 첫째, 하나님이 고난에 영향을 받으신다는 점에 주목하도록 하자. 전적으로 전능하신 신이라면 세상의 슬픔과 비탄에 조금도 영향을 받지 않을 것이다. 하지만 "그리스도인들의 하나님"(테르툴리아누스), 우리가 말하고 있는 그 하나님은 세상의 고난에 괴로워**하신다**. 그분의 성품 때문에 그분은 자기 아들 예수 그리스도가 되어 우리 중의 하나처럼, 그 고난 가운데 들어가기로 결정하셨다. 그분은 우리에 대한 사랑으로 우리의 슬픔을 지시며 우리의 비통함을 아신다. 하나님은 세상의 고난에 의해 스스로 상처받으신다.

이 점을 마음에 새길 필요가 있다. 하나님은 우리의 고통 때문에 상처받기로 결심하셨다. 하나님은 우리가 고난받을 때 스스로 고난 받으시고 우리의 슬픔에 동참하셨다. 예수님이 친구 나사로의 무덤을 보고 우셨던 것처럼, 하나님도 우리의 슬픔에 마음이 움직이신다. 십자가는 이 고난의 세상에서 하나님이 우리와 결속되어 있음을 보여 주는 최고의 예다. 그분은 이 세상에 들어오기로 **하셨고**, 그 슬픔과 고통을 나누기로 **하셨고**, 마침내 십자가에서 죽음을 당하기로 **하셨다**. 그렇게 하라는 모종의 외적인 압력을 받고 억지로 그렇게 하신 것이 아니라, 그렇게 하기를 원하셨기 때문이다.

고난,
변화를 여는 열쇠

하나님이 그토록 사랑이 많으시다면 왜 고난을 허용하시는 가? 고난은 하나님의 선하심에 의문을 제기한다. 많은 사람이 보기에 고난과 사랑은 상호 배타적인 것처럼 보인다. 이런 논쟁은 보통 다음과 같이 전개된다.

1. 하나님은 전능하시다.
2. 하나님은 완벽하게 사랑이 많으시다.
3. 세상에는 고난과 악이 있다.

아직까지는 모순이 없다. 논리적으로 문제가 되려면 네

번째 개념이 덧붙여져야 한다. 다음 둘 중 하나가 덧붙여지면 논리적 모순이 생긴다.

1. 전능하고 사랑이 많으신 하나님은 고난을 완전히 제해 버릴 수 있으실 것이다.

또는

2. 하나님이 고난을 허용하시는 상당한 이유는 없다.

이 둘 중 하나 또는 둘 모두가 옳은 것임이 밝혀지면 기독교의 신관(神觀)에 심각한 문제가 생길 수도 있다. 하지만 그 진술은 아직 참된 것으로 밝혀지지는 않았다.

기독교를 비판하는 사람들에게 곤란한 질문을 받은 신자는, 반대로 똑같이 곤란한 질문을 몇 개 던질 수 있다. 하나님이 고난을 허용하시는 상당한 이유가 있을 수 없다는 것을 어떻게 아는가? 고통은 대단히 중요한 생물학적 기능이 있다. 부상을 당하지 않도록 경고해 준다든가 치료가 필요하다는 사실을 알려 준다든가. 고통은 위험을 경고하는 역할을 한다. 무엇보다도 고난은 대단히 중요한 영적 기능이 있다. 그것은 우리가 죽음을 면할 수 없는 존재임을 상기시켜 주고, 우리의 본성과 미래에 대해 잘못된 생각을 하지 않도록 경고한다.

하지만 어떤 사람은 고난이 있는 세상은 좋은 세상이 될 수 없다고 대답할 것이다. 분명 하나님은 더 나은 세상을 창조하실 수도 있지 않았을까? 하나님이 창조하신 세상이 이런 것이라면 그분은 우리 기대에 그리 부응하는 분은 못 된다. 이런 논증은 순전히 수사학적인 것으로 밝혀지는 경우가 너무 많다. 비판자들은 우리가 아는 것보다 더 나은 세상이 반드시 가능할 것이라고 주장한다.

하지만 18세기 데이비드 흄(David Hume)은 이런 입장을 통렬하게 반박했다. 흄은 이 세상이 "존재할 수 있는 모든 세상 중 가장 좋은 세상"이라고 주장하는 사람들에게 반대하는 글을 쓰면서, 우리가 이 세상밖에는 모른다는 것을 강조했다. 우리는 마땅히 비교할 만한 다른 세상을 모른다. 이것이 존재할 수 있는 최고의 세상이든가, 아니면 존재할 수 있는 최고의 세상이 **아니라고** 주장할 만한 절대적으로 타당한 이유도 없다.

진짜 문제는, 논리 차원의 문제가 아니라 사랑이 많은 하나님이 고난을 허용하지는 않으실 것이라는 우리의 직관적 감정이다. 어쩐 일인지 우리는 고난은 사랑의 정반대라고 생각하는 듯하며, 그래서 '사랑이 많은 하나님'에 대한 기독교의 믿음은 고난이 존재한다는 사실과 모순 되는 것처럼 생각한다. 사실 사랑과 고난은 반드시 반대가 되는 것은 아니다. 실로 그 둘은 종종 동전의 양면과도 같다. 나는 기독교 신앙의 큰 자랑거리 가운데 하나가 사랑과 고난을 연관시키는 방식이라고 늘 생각해 왔다. 하나님의 사랑은 어떻게 나타나는가? 예수 그리스도의 고난과 죽음을 통해 최고조에 이른다.

하나님의 아들이 받은 고난은, 하나님이 얼마나 놀라울 만큼 우리를 사랑하시는가를 가장 절박하고도 설득력 있게 보여 준다. 어떤 사람은 하나님이 사랑이시라면 고난이 모두 없어져야 한다거나 사랑은 고통이 없는 세상에서만 표현될 수 있다고 주장하지만, 복음은 그리스도의 고난 안에서 그 고난을 통해 자신을 알리는 사랑에 대해 말한다. 내가 보기에 그런 통찰은 그저 놀라울 뿐 아니라 고난이라는 냉혹한 현실을 대처해 나가는 새로운 방식을 열어 준다. 고대 스토아 철학자는 당당하게 고난 받을 것을 가르쳤다. 그러나 그리스도는 소망 가운데 고난을 받도록 해 주신다.

그러나 어떻게 고난과 사랑이 하나님 안에서 공존하는가? 누군가는 이렇게 주장할 수도 있다. "하나님이 정말로 사랑이 많으시다면 우리가 모두 행복하기를 원하실 것이다. 하지만 우리는 고난을 받는다. 그리고 우리는 고난을 받을 때 행복하지 않다. 그러므로 하나님은 사랑이 많은 분일 수가 없다." 하지만 여기에는 행복에 대한 특정 개념이 포함되어 있다. 우리는 어떤 행복을 추구해야 하는가? '행복'이라는 개념이 천박하게 사용되는 경우가 너무나 많다. 마치 개인이 모든 것의 중심이요 척도라도 되는 듯이.

내가 엄청난 대부호라면 과연 나는 행복할까? 재물을 소유함으로써 생겨나는 완전히 새로운 도덕적·실제적 문제에 둘러싸여 숙면을 취하지 못하는 것은 아닐까? 어떻게 재산을 지킬까? 나는 유괴범·강도·국세청의 표적이 될 수도 있다. 내가 부자가 되었기 때문에 가난해진 다른 사람들은 어떻게 되는 것인가? 나는 다른 사람들이 나의 모든 욕구를 알아서 채워 주고 돌보아 주어 완벽한 행복을 누리는 낙원을 꿈꿀지도 모른다. 하지만 그 다른 사람들은 어떻게 되는 것인가?

　미국의 최남부 지방(조지아, 앨라배마, 미시시피, 루이지애나 주 등 노예제도가 성행했던 곳—옮긴이)의 대농장주들을 행복하게 해 주던 노예들은 어떻게 되는 것인가? 나를 안락하고 행복하게 해 주는 상품들을 제공하는 저임금과 영양실조에 시달리는 제3세계의 노동자들은 어떻게 되는 것인가? 내가 자기중심적이고 행복한 세상에 사는 대가는 무엇인가? 나의 행복은 다른 사람들의 고통을 통해 얻는 것이다. 역설적이게도, 나는 개인의 행복을 보장하는 사회적 비용을 고의로 무시해야만 그런 행복에 대한 환상을 유지할 수 있다. 개인적 만족을 위해 지불된 대가를 인식하면 우리는 공익을 위해 기꺼이 개인의 행복을 희생하는 사회적 양심을 개발하지 않을 수 없다.

　그렇다면 우리는 정말로 그저 개인의 욕망을 한껏 채우고 우리를 '행복하게' 만들어 주는 신을 믿을 수 있을까? 우리는 정말로 '사랑'을 '우리가 기분 좋게 느끼게 하는 것'과 똑같다고 여길 수 있는가? 가장 피상적인 의미의 '사랑' 만이 각 인간들의 욕망·야망·악덕에 탐닉하는 것으로 만족할 것이다. 하지만 하나님의 사랑은 그런 것이 아니다. 최소한 우리는 하나님께서 말씀하시는 **당신의** 사랑의 개념에 귀를 기울여야 한다. 너무나 자주 우리는 사랑이 무엇인지 이미 정확하게 안다고 가정하고는 '사랑과 고난'에 대한 논의로 서둘러 뛰어든다. 우리는 충분히 기독교적인 의미에서 사랑이라는 말의 의미를 배워야 할 필요가 있다. 우리는 모른다. 배워야 한다.

하나님의 사랑은, 우리의 변덕스러운 마음이 악의가 없는 것인지 대단히 파괴적인 것인지 상관도 하지 않고서, 우리가 원하는 것을 자비롭게 허용해 주는 관대한 자비심이 아니다. 그 사랑은 우리가 변화되는 것을 포함한다. 그 사랑은 우리가 새로운 모습으로 다시 만들어져서, 우리를 창조하신 하나님이 생각하시기에 우리에게 최대한 유익이 되는 것을 우리가 바라고 받을 수 있게 되는 것을 포함한다. 우리는 우리에게 가장 좋은 것이 무엇인지, 우리를 만드신 분의 말씀을 들어야 한다. 십자가에서 죽으신 그리스도의 죽음을 통해 나타난 하나님의 놀랍고도 극적인 바로 그 사랑 때문에, 그분은 우리가 최선의 것만을 가지기 원하신다. 아무것도 파괴할 수 없는 하나님과의 교제, 그것보다 더 좋은 것이 무엇이겠는가? 조지 허버트(George Herbert)는 그의 시 〈사랑〉에서 이것을 탁월하게 표현했다.

사랑은 내게 환영의 인사 건네건만

　　　　　내 영혼은 흠칫 뒤로 물러나네,

　　쓰레기 같은 죄와 죄책감.

그러나 눈치 빠른 사랑, 내가 처음 들어올 때부터

　　　　　무기력한 나를 보시고는

가까이 다가와 다정히 물으시네.

　　　　부족한 게 있냐고.

"이곳에 들어오기에 합당한 손님" 내가 대답했네.

　　　　사랑이 말씀했다네. "그대가 바로 그 손님"이라고.

"고약하고 배은망덕한 내가? 오, 주님

　　　　나는 당신을 볼 수도 없습니다."

사랑은 내 손잡고, 미소 지으며 대답하셨네.

　　　　"누가 그 눈을 만들었는가, 나 외에?"

"사실입니다, 주님. 하지만 저는 그것들을 망쳐 놓았습니다.

　　　　마땅히 받을 수치를 당케 해 주십시오."

"니는 알지 못하느냐" 사랑이 말씀하시네. "누가 그 죄과를 대신 졌는지?"

"내 주여, 그리하면 제가 주를 섬기겠습니다."

"앉아서, 나의 음식을 맛보렴." 사랑이 말씀했네.

나는 앉아서 그 음식을 먹었다네.

어떤 사람은 이것이 멋진 시이기는 해도 순전히 온정주의를 드러낸다고 비판할 것이다. 우리에게 가장 좋은 것이 무엇인지 하나님께서 말씀해 주시리라고 기대하는 것은 불합리하다. 하나님께 우리의 모든 필요와 소망을 채워 달라고 제안하는 것은 훨씬 더 어리석은 일이다. 성인이 된 후에도 그런 주장을 한다는 것은 그저 어린아이같이 유치한 난센스일 뿐이다. 처음에는 이런 주장이 어느 정도 영향력을 발휘하는 듯 보일 수도 있다. 하지만 그런 것은 그리 오래 가지 않는다.

역사 속 인물들이 우리 인류에게 최선이라고 여기며 내렸던 결정에 대한 기록을 뒤적여 보면, 고무적인 글은 거의 없다. 제1차 세계대전, 아우슈비츠 대학살의 가스실, 히로시마의 원자폭탄, 캄보디아의 킬링필드 등. 그 외에도 많다. 그것은 인간이 스스로 하나님이 되고자 행동하기 시작할 때 일어나는 일에 대한 무시무시한 기록이다. 그것은 옳고 그름에 대한 인간적 개념이 얼마나 믿을 수 없는지를 입증한다. 히틀러는 독일인을 위한 최선이 무엇인지 스스로 안다고 생각했다. 그런 비전 때문에 수백만의 사람들이 희생되었다. 스탈린은 소련을 위한 최선이 무엇인지 한 점 의심도 없이 확신했다. 그런 비전 때문에 자신을 반대할 만큼 어리석다고 생각한 사람들을 모두 제거했다. 우리는 **정말** 우리에게 최선의 것이 무엇인지 조금이라도 아는 것인가? 우리는 **정말** 우리에게 무엇이 더 나은지 하나님보다 더 잘 안다고 단언할 수 있는가?

신학적 차원의 논증은 훨씬 더 심오하다. 우리를 창조하신 분은 우리 자신이 아니라 하나님이시다. 우리는 정말 우리 창조주 외에 다른 어떤 존재가 우리에게 최선이 무엇인지 안다고 생각할 수 있는가? 우리가 정말 하나님을 대신해서 우리의 기원, 현재 상황, 미래의 목표에 대해 믿을 만한 통찰을 가질 수 있다고 생각할 수 있는가?

앞에서 소개한 이미지로 돌아가 보면, 우리는 현재 길 위에 있으며, 발코니로 올라갈 필요가 있다. 우리에게 올바른 것이 무엇인지를 알기 위해, 우리는 지금 어디로 향하고 있는지 파악할 필요가 있다. 미래의 목표를 성취하기 위해 움직이려면, 우리의 미래에 대한 믿을 만한 지식이 필요하다. 인류의 미래 목표는 무엇인가? 우리는 어떤 목적을 위해 창조되었는가? 여기서 우리는 하나님께 주목해야 한다.

인류의 참된 목표는 하나님과 연합되는(어쩌면, 재연합이라는 말을 써야 할지도 모르겠다) 것이다. 우리는 하나님의 형상을 따라 창조되었으며, 우리의 궁극적 목표는 하나님 안에서 안식을 발견하는 것이다. 하나님의 사랑은 우리가 하나님이 주신 참된 잠재 능력을 이루게 한다. 그것은 살아 계시고 사랑이 많으신 하나님과 화평하고 성취감을 찾는 것이다. 하지만 죄 때문에 우리의 자연적 성향은 황폐하고 부적절한 것을 바란다. 그것이 황폐하고 부적절하다는 사실조차 인식하지 못한 채 말이다. 인간이 선하다는 순진한 개념을 가장 지혜롭게 비판한 사람 중 하나인 히포의 아우구스티누스(Augustine of Hippo)는 유명한 천칭저울 비유로 이 점을 분명하게 밝혔다.

그는 어떤 사람들이 인간의 의지를, 완벽하게 균형을 이룬 천칭저울로 본다고 말한다. 옳은 것과 잘못된 것, 선과 악을 각각의 천칭접시 안에 넣어 무게를 달 수 있으며, 균

형 잡힌 판단을 내릴 수 있다는 것이다. 하지만 아우구스티누스는 묻는다. "죄에 대해서는 어떤가?" 인간의 부패한 성품에 대해서는 어떤가? 실제로 상황은 완전히 다르다. 인간의 의지는 한쪽에 짐이 잔뜩 적재된 천칭저울과도 같다. 악에 상당히 경도되어 있다. 사람마다 정도의 차이는 있겠지만 그런 경향이 보편적이다. 우리 생각대로 내버려두면 우리는 보이지 않는 것보다 보이는 것을, 창조주보다 피조물을 택하는 성향이 있다. 그 결과 인간의 의지로는 종종 옳은 것을 성취하기는커녕, 그것을 바라기조차 어려운 상황에 처한다.

인간적인 의미의 '사랑'은 이런 상황을 존중할 뿐만 아니라, 그로 인해 생겨나는 욕구에 탐닉함으로써 욕망을 한껏 채워 줄 것이다. 하지만 이것을 하나님의 사랑으로 여길 수는 없는 일이다. 하나님의 사랑은 우리의 상황을 변혁시키고, 우리를 죄라는 폭군에게서 해방시키며, 우리가 최선의 것을 바라고 받을 수 있도록 인도하기를 원한다. 우리는 우리를 위협하여, 목적을 이루고 목표를 찾는 일을 방해하는 것으로부터 해방되어야 한다.

우리 앞에 놓인 큰 상은 다름 아닌 하나님과의 관계다.

하지만 우리의 시야는 죄로 심히 왜곡되어 우리는 시시한 상밖에는 보지 못한다. 우리는 하나님 앞에서 안식을 얻도록 부름 받았다. 하지만 우리의 청각은 너무나 둔감해져서 세상과 덧없는 목표의 말만 듣는다. 우리는 우리가 누리도록 창조된 큰 기쁨의 그림자만 보고 만족한다. 죄가 우리를 너무나 강하게 붙잡고 있기 때문에, 우리는 눈을 낮춰 창조주보다는 피조물에 시야를 고정시킨다. 온전하고 기독교적인 의미의 사랑은, 이런 혼란 상태에 빠진 우리를 자유롭게 해 주어야 한다. 죄는 늪과 같아서 우리를 수렁에 빠뜨리고 우리의 자유를 막는다. 그렇다면 우리는 어떻게 해방될 수 있는가?

자유를 향한 첫 번째 발걸음은 반드시 우리가 갇혀 있음을 인식한 후에만 시작된다. 해방을 간절히 원한다면 우리가 속박되어 있다는 사실을 인식해야 한다. 그러므로 사랑은 우리가 발견되었다고 선포하여 우리를 기쁘게 하기 전에, 우리가 잃어버린 바 되었다는 사실을 말해 주어야 한다. 모든 것을 가장 잘 안다고 생각하는 우리는 정신을 차려야 한다. 누에고치처럼 우리 주위를 꽁꽁 옭아매고 우리를 안심시키는 믿음들은 하나씩 풀어내야만 한다. 죽음이 존재한다는 것을 간과하거나, 죽음이 다른 이들에게만 해당하는 것이라고 생각하는 사람들에게는, 죽음이 두렵지 않을 것이다. 하나님은 위대한 신화, 즉 개인이 불멸하며 세상이 영원하다는 신화의 종말을 고하지 않을 수밖에 없으셨다. 개인과 세상은 소멸될 것이며 우리 역시 그것들과 함께 사라진다. 하지만 하나님은 계속 살아 계실 것이다. 하나님과 연합하면, 우리 역시 그렇게 될 것이다. 하지만 우리가 세상과 세상의 가치에만 집착하게 된다면, 영원히 살아갈 수 없다.

우리가 알고 사랑하는 사람들이 고난을 받고 죽는 것을 보면서, 우리는 인간이 영원한 존재인 척하는 것이 얼마나 부질없는지를 깨닫는다. 우리는 자신이 죽을 수밖에 없는 존재라는 것을 인정하고 싶지 않다. 우리는 세상과 사랑하는 모든 사람이 언젠가 우리의 손이 닿지 않는 곳에 있게 되리라는 사실을 받아들이기 힘들다. 우리와 세상이 영원히 지속되리라고, 우리가 사는 동안 받는 모든 빛나는 상에 매달릴 수 있다고 믿는 편이 훨씬 더 안심이 되는 일이다. 하지만 현실은 매우 다르다. 고난은 우리가 불멸의 존재라는 환상을 깨어 버린다. 염려가 추하게, 그러나 의미심장하게 고개를 든다. 그것은 환상의 성문을 때려 부순다. 그것은 인생의 냉혹한 현실을 직면하게 한다. 그리고 허위를 부식시키는 능력과 세상이 주는 거짓된 안정과 일시적인 보상에서 눈을 돌려, 사랑이 많으신 우리 하나님을 향하지 않을 수 없도록 어려운 질문을 제기한다.

한 동료가 말한 적이 있다. "장례식은 참석한 사람들에게 그들이 여전히 살아 있다는 것—당분간은—을 상기시키려는 것이다." 병원은 인간이 덧없으며 죽을 수밖에 없는 존재라는 것을 나타내는 강력한 상징, 우리가 취약하다는 표지다. 죄는 우리가 하나님을 민감하게 느끼지 못하도록 하는 어떤 세력이나 힘이다. 그것은 사물을 아래로 끌어내리는 중력과도 같은 것이다.

우리의 타고난 타성은 죄로 인해 더욱 악화되어 우리가 편한 세계관 안에 안주하고 그 기초에 대해서는 심각하게 탐구하지 않도록 한다. 우리는 우리를 둘러싸고 안락한 가설들을 갉아먹는 상실·이별·무상함의 표시에 눈을 감아 버리는 것이 더 쉽다. 영원이 역사와 교차하는 시점이 있다면, 우리가 다른 모든 사람들과 마찬가지로 덧없는 존재로서, 의식 세계에만 국한시켜 본다면 분명 불행한 운명을 지닌 존재라는 것을 인식하는 순간이다.

하지만 그럴 필요는 없다. 우리는 눈을 들어 또 다른 나라를 희미하게 볼 필요가 있다. 그 나라의 음악을 듣기 위해서다. 죄는 중력처럼 우리를 이 땅에 묶어 놓는다. 그 손아귀에서 벗어나기 위해서는 무엇인가 해야 한다. 고난은 비극적이긴 하지만 무의미한 것은 아니다. 그것은 우리의 환상의 풍선을 터뜨리는 바늘과 같다. 그래서 죽음의 실상과 죽음 너머에 무엇이 있는가 하는 문제를 붙잡고 긴급히 열정적으로 씨름하게 하는 것이다. 이 죽어 가는 세상에 우리를 붙들어 매고 있는 고약한 속박을 깨뜨려야만, 우리가 얻을 수 있는 가장 크고 가장 멋진 상, 곧 하나님의 사랑 안에 안기는 상을 얻을 수 있다.

여기에는 하나의 아이러니가 있다. 사랑은 사랑을 거부하는 것처럼 보이는 무엇인가의 내면에서 활발하게 역사한다. 자신의 피조물에 대한 하나님의 열정적인 돌보심은 그 돌보심을 부인하는 듯한 무엇인가를 통해 빛난다. 태양 빛이 구름을 뚫고 비치는 것과 같다. 아마도 이 점을 가장 잘 논한 사람은 마르틴 루터일 것이다. 그는 그리스도와 그의 백성의 고난을 자신의 '십자가의 신학' 중심에 놓았다. 루터는 묻는다. "어떻게 사랑이 많으신 하나님이 고난을 참으실 수 있단 말인가?" 그의 대답은 다음과 같다.

하나님의 본성과 목적에 대한 모든 기독교적 사고는 그리스도의 십자가에 근거를 두어야 한다. 바로 여기에서 참된 신학과 지식이 발견되어야 한다. 십자가는 모든 것을 시험하는 기준이다. 1555년 10월 16일에 순교한 니콜라스 리들리(Nicholas Ridley)의 말을 빌면, "코티쿨라 피데이 크룩스(coticula fidei crux), 곧 십자가는 믿음의 시금석이다." 하나님의 사랑은 그리스도의 고난에도 불구하고 나타난 것이 아니라 그 고난을 통해서 나타난다고 루터는 강조한다. 교회는 그 고난을 통해 생겨났으며, 마지막에 부활하신 그리스도의 영광에 참여하기 전에 그 고난에 참여할 것이다.

그러고 나서 루터는 중대한 구분을 짓는다. 때로 하나님은 그분의 성품과 명백히 일관된 방식으로 역사하신다—루터는 이런 행동방식을 "오푸스 프로프리움 데이(opus proprium Dei), 곧 하나님의 적절한 역사"라고 부른다. 하나님은 언뜻 보기에는 그분의 성품과 모순 되는 것처럼 역사하실 때가 있지만, 좀더 생각해 보면 그 성품과 완전히 일관된 방식으로 역사하심을 알 수 있다. 루터는 이것을

"오푸스 알리에눔 데이(opus alienum Dei), 곧 하나님의 이상한 역사"라고 말한다. 한 예로, 그는 죄인에 대한 하나님의 정죄를 생각해 보라고 권한다. 얼핏 보기에 그것은 우리가 하나님에 대해 아는 것과 모순된 것처럼 보인다. 하나님은 자비롭고 동정이 많으신 분이 아닌가?

하지만 이내 우리는 하나님에 대한 이런 개념이 얼마나 피상적인 것인지 인식한다. 그것은 우리가 하나님을 역겨울 정도로 감미롭고 감상적인 분으로 취급하며, 우리의 죄와 그분의 의라는 문제 전체를 무시하는 것이다. 정죄 받았다는 사실을 알게 되면 우리는 우리가 처한 상황의 실상에 눈뜨게 된다. 곧 우리가 죄인이라는 것, 하나님의 진노 아래 있다는 것, 자비와 죄 사함을 요구할 만한 어떤 권리도 갖고 있지 않다는 것 등이다. 그러므로 우리는 절망감에 빠져 하나님께 의지한다. 우리는 아무것도 필요 없다는 듯 행동하던 태도를 버리고 하나님의 자비와 은혜를 배우게 된다. 우리는 죄를 회개하고 죄 사함과 자비를 받는다. 그러므로 처음에는 하나님의 동정심과 모순 되는 것처럼 보이는 것도, 실은 그 동정심과 관계가 깊다는 것이 드러난다. 하나님은 분명 그분의 성품에 어울리는 목표를 실현하시기 위해 그분의 성품과 조화되지 않는 것처럼 보이는 수단을 사용하기도 하신다.

고난을 '하나님의 이상한 역사'로 생각해 보자. 그것은 그 자체가 목적이 아니라 더 큰 목적, 곧 우리를 본향의 하나님께로 데려가려는 목적을 위한 수단이다. 그 본향에서는 고난이 변형되고 궁극적으로는 패배한다. 그리스도가 자신의 죽음을 통해 사망을 물리치신 것과 마찬가지로, 인간의 고난은 스스로 궁극적 변화를 위한 열쇠를 가지고 있다. 하나님의 진정한 역사는 우리의 구원이다. 고난은 하나님이 그 목표를 성취하도록 해 준다. 고난은 전적으로 불합리하기는커녕 하나님의 은혜로 어떤 목적에 기여할 수 있다.

루터는 우리가 고난을 심각하게 받아들일 것과, 고난의 상징인 십자가가 우리 믿음의 중심이 되어야 하는 까닭을 배울 것을 요구한다. 아마도 그는 다른 어떤 그리스도인 저술가보다도 그것의 실상, 곧 십자가에 달리신 그리스도, 그리고 그 고난에 참여하는 신자의 고난의 실상과 고통을 잘 알고 있을 것이다. 교회는 그리스도의 수난의 연장이다. 우리는 하나님의 고난 받는 백성의 일원으로 부름 받았다. 루

터는 또한 우리에게 고난 저 너머를 보라고 말한다. 하나님
의 권능과 임재를 우리가 체험한 것에만 국한하지 말라는
뜻이다. 부활은 겉으로 보이는 모든 것과는 달리, 참으로
하나님께서 갈보리의 숨은 참여자임을 상기시켜 준다. 십
자가 처형 장소에 있던 사람들이 그 무시무시한 장면을 통
해 하나님이 뭔가 긍정적인 역사를 이루신다는 사실을 깨
닫지 못할 뿐 아니라 그 장면에 하나님이 임재하고 계셨다
는 것조차 인식하지 못한 것과 마찬가지로, 우리는 하나님
이 인간의 고난에 임재하여 그것을 변형시키실 수 있음을
인식하지 못한다.

세상을 향한 불만

"인간은 웃고 울 수 있는 유일한 동물이다. 그는 현재 상태와 그것이 가능했을 수도 있는 또 다른 상태 사이의 차이를 생각할 수 있는 유일한 동물이기 때문이다"(윌리엄 해즐릿). 많은 사람들은 이 세상에 깊은 불만을 느낀다. 그들은 마음속 깊은 곳에서 어딘가에 뭔가 더 나은 것이 분명 있다고 느낀다. 이런 감정은 진짜이고 중요할 뿐더러, 대단히 중대한 기능을 수행한다. 우리의 자연적인 본능은 "왜 세상은 더 나아질 수 없는가? 세상이 더 나아지지 않기 때문에 우리는 하나님을 믿고 싶지 않다!"고 항변한다.

하지만 그때 신학이 발언을 요청한다. 첫째, 신학은 우

리가 현실을 이상에 비추어 판단하고 있다는 것을 지적한
다. 우리가 현재 상황에 불만을 갖는다고 해서 반드시 더
나은 대안이 존재한다는 의미는 아니다! 그것은 마치 우리
삶을 이야기책에 나오는 왕자나 동화 속 공주의 삶과 비교
하는 것과도 같다. 이 이상들은 마치 동화 속의 꿈과도 같
을 것이다. 기분 좋은 허구 그 이상도 그 이하도 아니다. 더
행복한 나라에 대한 간절한 동경심을 불러일으킬 수는 있
다. 하지만 그것이 그런 나라의 존재를 보장하는 것은 아니
다. 우리는 이런 불만에 대해 설명하기 어려운 질문을 해야
한다. 왜 우리는 매사가 이보다 더 나을 수 있다는 뿌리 깊
은 의식을 지니고 있는가? 이런 의식은 어디에서 오는가?

중요한 대답은 아우구스티누스에서 밀턴에 이르는 탁월
한 그리스도인 저자들에게서 들을 수 있다. 그들은 우리가
아는 이 세상에 대해 많은 면에서 깊은 불만족을 갖는 까닭
은, 향수 곧 잃어버린 에덴을 향한 갈망, 고난과 죽음이 존
재하지 않는 나라로 돌아가고자 하는 마음 때문이라고 주
장한다. 에덴에·대한 이러한 추억은 또한 하늘의 예루살렘,
'에덴의 지복'(밀턴)이 회복됨에 따라 고난과 죽음이 다시
한 번 없어질 그곳에 대한 기대이기도 하다.

따라서 우리의 불만족은 이런 잊혀지지 않는 에덴의 지복에 대한 기억이다. 그것은 순결했던 창조의 처음 며칠에 대한 갈망 때문에 생겨난다. 그것은 언젠가 그리스도 안에 있는 구속의 과정을 통해 회복될 것이다. 그러므로 이런 불만은 또한 예언의 성격을 띤다. 그것은 내세에 관한 기독교적 소망이 성취될 것을 가리킨다. 지금 이 세상보다 더 나은 세상이 분명 있다. 그리고 그것은 하늘의 예루살렘에서 실현될 것이다. 바로 이 점에서 기독교적 소망은 존재를 드러낸다. 복음은 언젠가 그런 세상이 존재할 것이라고 선포하기 때문이다. 그것은 우리가 지금 아는 세상이 새 하늘과 새 땅으로 대체될 것이라고 주장한다. 이런 불만은 하나님이 주신 것으로, 이 세상이 우리의 고향이 아니라는 것을 상기시킨다. 그것은 우리가 앞으로 올 세상을 열망하도록 하기 위함이다.

당연히 이런 설명은 공리공론으로 하나님을 비판하는 사람들을 만족시키지는 못할 것이다. **그들**이라면 고난과 고통이 전혀 없는 우주를 창조했을 것이라고 즉시 단언할 것이다. 하지만 정말로 그들이 그럴 수 있을까? 안타깝지만 그것은 실제가 아니라 원칙적으로 더 나은 세상에 대한 약속에 불과하다. 따라서 이것은 불만의 수사일 뿐이다. 그들은 우리에게 무엇이든 약속하려 할 것이다. 그 약속이 현재의 상황에 대한 우리의 불만을 증가시킨다 하더라도 말이다. 고통 없는 세상이라는 개념은 어느 곳에서나 발견할 수 있는 유토피아적인 망상이다. 고난 없는 세상에서는 우리가 아는 삶이 존재하지 않게 될 것이다. 고난은 우리가 살기 위해 지불하는 값이다. 그리고 그 대가가 비쌀지라도, 대부분의 사람들은 기꺼이 그 대가를 지불하고자 한다.

둘째, 신학은 이 세상이 타락한 세상임을 상기시켜 준다. 곧 죄로 인해 왜곡된 세상이 언젠가는 회복된다는 것이다. 그리고 그것은 우리의 불만이 진짜이고 중요하다는 것을 확신시켜 준다. 그것은 고난과 고통이 과거지사가 될 새 땅과 새 하늘에 대한 소망을 불러일으키기 때문이다.

신학은 고난 없는 이상적인 세상에 대한 이런 열망을 납득하게 해 준다. 고난은 나방과도 같아서, 계속해서 우리를 짜증나게 하며 어려운 질문을 던지도록 만든다. 이 세상의 고난은 어떻게 경감될 수 있는가? 언제 이 세상은 더 나은 세상이 될 것인가? 그리스도인만 이런 문제로 씨름한 것은 아니다. 기독교적 접근으로 되돌아가기 전에 지금은 널리 불신당하는 세속적인 선택권을 하나 탐구해 보자.

이 질문에 대해 가장 중요하며 최근까지 큰 영향력을 발휘했던 세속적 대답은 칼 마르크스가 한 것이었다. 인간의 경험에 대한 마르크스주의의 분석은, 세상이 돌아가는 방식에 대한 이러한 불만을 인식하고 그것을 고칠 수 있다고 주장한다. 혁명이 일어나면 이 불만(자본주의의 직접적인 결과)은 사라질 것이라고 생각했지만, 혁명이 일어난 세계 여러 지역에서 이런 불만은 집요하게 남아 있었다. 혁명은 고난을 제거하는 데 실패했다. 고통, 그리고 불만이 야기하는 온갖 질문은 여전히 해결되지 않았다. 마르크스주의는 고난이라는 수수께끼에 대한 다른 세속적 대답과 마찬가지로 사람들을 만족시키지 못했다.

성경의 신약 역시 고난의 종식을 약속한다. 현시대의 고난은 하나님 나라가 최종적으로 도래함으로써만 종식될 수 있다(롬 8:18-25). 현재의 고난은 산고(産苦)와도 같다. 새로운 생명이 태어날 것을 예견하는 고난인 것이다. 하나님 나라는 언젠가 모든 신자에게 도래할 것이다. 그들의 죽음과, 몸의 부활과, 새 예루살렘에서 즐겁게 영생함을 통해 일어나는 것이다. 그리스도인이 삶을 계속 헤쳐 나가는 것은 이런 소망 때문이다. 실로 우리가 현세에 그처럼 불만족하는 이유는 고난이 끝나고 눈물이 씻길 새 예루살렘에서 살게 되리라는 기대 때문이다. 우리는 세상에서는 참된 안식을 누리지 못하되 새 예루살렘에서 안식을 발견하기를 고대한다.

이런 감정과 그에 대한 정교한 신학적 해석을 가장 잘 표현한 것 중 하나는, 히포의 아우구스티누스가 남긴 유명한 말이다. "당신은 당신 자신을 위해 우리를 만드셨으며, 우리의 마음은 당신 안에서 안식을 누리기까지는 안식하지 못합니다." 아우구스티누스의 묵상, 특히 『고백록』의 묵상 전체에서도 동일한 주제가 반복된다. 우리는 현재의 실존에서 불완전함을 느끼게 되어 있다.

미래가 있다면, 현재의 고난 아래에서는 지연되는 느낌과 그리움, 열망, 동경, 번민이 존재한다. 아마도 이런 격렬한 고뇌에 대한 가장 훌륭한 진술은 아우구스티누스의 부르짖음에서 찾아볼 수 있다. "멀리서 방황하며 표현할 수 없는 신음으로 신음하며, 마음을 위로 뻗어 나의 선조의 땅 예루살렘 나의 어머니 예루살렘을, 갈망하며 기억한다."

신학은 세상에 고난이 존재함으로써 발생하는 비통을

인정한다. 우리는 신학이 말해 주는 내용에 귀를 기울여야 한다. 그리스도인들이 고난의 고통을 그처럼 강렬하게 느끼는 이유는, 최종적으로 고난이 끝나고 인간의 눈물이 씻겨 마를 그날에 이루어질 피조물의 모습에 대한 환상 때문이다. 왜 좀더 일찍 그렇게 되지 않는가? 왜 하나님은 지금 현 질서를 종식시키지 않으시는가? 왜 기다리시는가?

사도 요한의 요한계시록도 바로 이런 어조로 끝난다. 새 예루살렘의 기쁨을 얼핏 엿보고 새 하늘과 새 땅의 평화를 맛보고 난 후에, 요한은 더 이상 참고 기다릴 수가 없다. 그는 "아멘 주 예수여 오시옵소서"라고 부르짖는다(계 22:20). 우리 또한 세상의 슬픔과 비애를 보면서 그와 동일한 느낌을 갖게 된다.

빌립보의 그리스도인들에게 보낸 바울의 서신에도 동일한 느낌이 표현되어 있다. 거기에서 사도 바울은 그리스도와 함께 있게 될 기쁨과 아직 지상에서 할 일이 남아 있는 것 사이에 처해 있다. "내게 사는 것이 그리스도니 죽는 것도 유익함이라… 내가 그 둘 사이에 끼었으니 차라리 세상을 떠나서 그리스도와 함께 있는 것이 훨씬 더 좋은 일이라 그렇게 하고 싶으나 내가 육신으로 있는 것이 너희를 위하여 더 유익하리라"(빌 1:21-24).

고난은 우리가 하늘에서 그리스도와 함께 있기를 열망하도록 한다. 그것은 우리의 소망을 단련하고 키워 줄 뿐 아니라, 고난으로 표현되는 현재의 세상에 우리가 만족하지 못하도록 한다. 하지만 예수 그리스도의 모본이 상기시켜 주듯이, 고난의 저편에는 부활이 있다. 그 소망 때문에 우리는 고난에 직면해서도 꿋꿋이 견딜 수 있다. 그리고 믿음 없이 고난을 당하는 사람들과 그 소망을 함께 나누고자 하는 마음을 가지게 된다.

철학자의 하나님,
기독교의 하나님

역사가 시작된 이래, 사람들은 세상에 고통과 고난과 악이 존재한다는 사실을 인식해 왔다. 기독교 신학은 고통과 악의 실상과 더불어 사는 법을 배워 왔다. 쉬쉬하며 지켜 오던 비밀처럼, 고난이 존재하지 않는다고 열렬히 믿던 세상에 고난의 존재가 갑자기 튀어나온 것은 아니다.

하지만 어떤 사람들은 고난이 뭔가 새로운 **것이라고** 믿게 되기도 한다. 지난 일백 년 동안 우리는 전례 없이 파괴적이고 악한 전쟁들을 통해, 의도적으로 기근을 일으킨 사건(스탈린이 우크라이나에서 한 것과 같이)을 통해, 그리고 환경과 소수 민족을 가차 없이 착취한 일을 통해 고난이 주는 새로운 공포를 보아 왔다. 이 같은 이유로 사람들은 하나님을 진지하게 받아들일 수 없다고 말하기도 한다.

왜 우리가 이렇게 무모한 주장을 받아들여야 하는가? 인간의 죄성은 막대한 고통을 야기했다. 과학 기술을 이용하여 도덕적 진보를 이루겠다는 자유주의자들의 위대한 환상은 무너졌다. 고난을 경감시키려던 과학기술은 고통과 죽음을 가져오는 데 사용되었다. 과학은 원치 않는 인간을 제거하는 새롭고 보다 효율적인 방식을 개발하는 데 사정없이 이용되었다. 현 시대의 고난에 의해 손상된 것은 하나님에 대한 개념이 아니라, 인간의 본성이 선하다는 공리적인 믿음이다. 그리고 그것은 배우기 힘든 교훈이라 해도, 그럼에도 불구하고 배워야 할 필요가 있는 교훈이다.

고난은 전혀 새로운 것이 아니다. 새로운 것은 대체로 인간의 활동에 의해 고통과 잔인함의 강도가 심해졌다는 것이다. 여기에서 중대한 역사적 사실에 주목해야 한다. 17세기 이전에 기독교 저자들은 고난이 기독교 신앙에 어떤 중대한 위협도 제기한다고 생각하지 않았다. 실제로, 나는 12세기에서 16세기까지 저작된 기독교 신학에 대한 여러 주요 저술들을 오랫동안 연구했는데, 그중 어느 것도 고난의 존재를 기독교 믿음을 가로막는 심각한 장애물로 취급하지 않았다.

하지만 상황은 변했다. 왜 그럴까? 왜 전에는 전혀 그런 적이 없는데 지금은 고난을 믿음에 대한 도전으로 보게 되었는가? 많은 학자들은, 17세기에 일어난 현대 무신론의 극적인 발전에서 그 원인을 찾는다. 레오나드 레시우스 (Leonard Lessius)와 마린 머젠(Marin Mersenne) 같은 수많은 저자들은 기독교를 지적으로 존경할 만한 것으로 만들려고 안달한 나머지, 복음을 가장 잘 변호하는 사람은 철학자들이라고 주장했다. 기독교를 변호하기 위해서 전통적으로 그 것을 정당화하던 방식을 한쪽으로 제쳐놓고 철학의 지혜에 의지하는 편을 택한 것이다.

그래서 하나님이 존재하시는지, 그리고 그분이 어떤 분이신지에 대한 질문에 대답하기 위해 예수 그리스도에 집중하는 대신 오로지 이성에만 직접 호소하게 되었다. 성경에 대한 그리스도인의 경험에 호소하는 대신, 자연에 호소하게 된 것이다. 이성과 자연은 이처럼 기독교의 신빙성을 판단하는 시험 근거였다. 그 결과는 불가피했다. 좋은 의도이긴 했으나 이것은 사람들을 잘못 이끌어, 뚜렷하거나 명백하게 기독교적인 요소들에 호소하지 않고 기독교에서 말하는 하나님의 존재를 변호하는 경향이 나타나기 시작했다. 수세기 동안 복음에 도움을 주었던 자원들은 과거의 유산으로 낭비되고 폐기되었다.

17세기의 철학자 르네 데카르트의 영향을 받아 상황은 더욱 악화되었다. 그는 자신의 신앙을 매끄럽고 빈틈없이 정연하게 변호했다고 생각했다. 데카르트의 영향을 받은 기독교 변호는 엄청나게 파괴적인 결과를 가져오게 되었다. 데카르트는 하나님이 전적으로 완벽한 존재라고 주장했으며, 이런 가정에 근거하여 하나님의 존재에 대한 수많은 흥미로운 철학적 논증을 개발했다. 그는 자신이 기독교를 지적으로 새롭게 높은 지위로 끌어올렸다고 생각했던 것 같다.

하지만 사실상 전혀 그렇지 않았다. 데카르트는 하나님이 온전하시다는 것을 엄청나게 강조했으나 그런 강조는 악과 고난의 존재라는 부인할 수 없는 사실로 인해 완전히 손상되었다. 어떻게 완전한 존재가 불완전함이 존재하도록 허용할 수 있단 말인가? 데카르트가 말하는 '신'은 기독교의 하나님이 아니다. 그것은 그저 철학적인 개념일 뿐이다.

그는 실제로 기독교를 변호한 것이 결코 아니다. 그는 그저 자신이 우연히 개발한 하나님의 개념을 변론했을 뿐이다.

한 가지 이야기를 들어 보자. 프랑스에서는 많은 탁월한 철학자들과 과학자들과 수학자들이 배출되었다. 블레어 파스칼은 그중에서도 단연 위대한 인물일 것이다. 하지만 그는 하나님에 대한 철학적 사고방식의 한계들 역시 매우 깊이 인식하고 있었다. 성경의 하나님은 대단히 인격적인 분이셨다. 파스칼은 철학이 이런 통찰을 내버렸다고 열렬히 믿었다.

그가 죽은 후 동료들은 그의 셔츠 안쪽에 꼬깃꼬깃 뭉쳐진 종이 한 장이 꿰매어져 있는 것을 발견했다. 분명 그것은 그에게 너무나 중요한 것이어서 어디를 가든지 가슴에 꼭 붙여 다니고자 했던 것이다. 그 종이 위에 쓰인 말은 전설적인 것이 되었다. 그 말은 우리의 주제와도 매우 관련이 깊다. "철학자들과 학자들의 하나님이 아니라, 아브라함의 하나님, 이삭의 하나님, 야곱의 하나님, 예수 그리스도의 하나님, 나의 하나님 그리고 당신의 하나님. 당신의 하나님이 나의 하나님이 될 것이다." 이것은 직관적이고도 개인적인 신앙고백이며 하나님의 **개념**에 불과한 것은 단호히 거부하고 사람들의 삶에 나타난 인격적인 하나님을 믿는 믿음이다.

철학이 잘못됐다는 말은 아니다. 철학은 우리가 어떻게 어떤 것을 알게 되는지 어려운 질문을 던지게 한다. 그것은 우리의 말과 사상에 대해 생각하지 않을 수 없도록 하며, 그 말과 사상을 제대로 사용하고 있는지 확인해 준다. 문제는 일부 철학자들이 인간의 이성 자체가 하나님이 정확히 어떤 분이신지 인식할 수 있다고 주장할 때 생기기 시작한다. '철학자들의 신'은, 하나님 자신이 어떤 분이신지 애써 우리에게 말해 주셨다는 사실을 간과하는 것처럼 보인다.

'철학자들의 신'은 기본적으로 인간의 자비심에서 추출된 요소들로 구성된, 완벽하고 이상적이며 추상적인 존재에 불과하다. 이 신의 특징은 주로 전능함·전지함·선함이다. 그 신뢰성—하지만 그것은 "우리 주 예수 그리스도의 아버지"(벧전 1:3)의 신뢰성은 아니다—은 고난에 의해 즉시 손상된다. 가장 통찰력 있는 현대 철학자 중 한 명인 앨러스데어 매킨타이어(Alasdair MacIntyre)는 이렇게 말한다. "19세기와 20세기가 믿지 않는 하나님은 17세기에 만들어진 하나님일 뿐이다." 철학적 신학의 신은 인간의 발명품,

인간 이성의 산물이다. 하지만 기독교 신앙과 신학에서 말하는 하나님은 살아 있고 사랑이 많으신 분, 그리스도와 성경과 개인의 경험—앞으로 보겠지만, 고난을 포함하여—을 통해 우리에게 자신을 알리시는 분이시다.

파스칼이 매우 분명하게 보았듯이, 하나님에 대한 철학적 개념은 예수 그리스도의 하나님, **우리의** 하나님과는 거의 상관이 없다. 왠지 하나님에 대한 철학적 개념은 그 자체로나 하나님에 대한 그리스도인의 즐거운 경험과 비교해 보나, 어둡고 쓸쓸한 것처럼 보인다. 그것은 에드워드(Edwards)가 새뮤얼 존슨(Samuel Johnson)에게 고백한 유명한 말을 상기시킨다. "존슨 박사님, 당신은 철학자입니다. 나 역시 평생 철학자가 되려고 애써 왔지요. 하지만 어쩐 일인지는 모르겠으나 유쾌함이 언제나 끼어들곤 했습니다." 신학자들은 고난 받고 십자가에 달리신 그리스도의 부활을 아는 지식에 몰두한 나머지, 고난의 문제에선 어느 정도 즐거운 느낌을 가진다. 그 기쁨은 확실히 그 문제에 대한 철학적 논의에서는 볼 수 없는 요소다.

그렇다면 도덕적 측면은 어떤가? 데카르트의 신은 아리스토텔레스가 말하는 '제1운동자'(unmoved mover)처럼 세상의 슬픔에 영향을 받지 않는다. 그것은 세상이 고난을 받는 동안 한쪽에 냉담하게 있으면서 관여도 않고 초연하다. 빅토리아 시대 장원의 영주들이 하층민들의 궁핍함과 빈곤에는 전혀 무관심한 채 화려한 생활을 누렸던 것처럼, 데카르트의 신은 사람들의 마음을 상하게 하는 수치스러운 존재이다. 그 신은 자기 백성의 고통과 빈곤을 공유하지 않는다. 그런 신은 없애 버리자고 외치는 것도 그리 놀라운 일이 아니다.

하지만 우리 주 예수 그리스도의 하나님 아버지는 매우 다르다. 여기에서 제1운동자는 없다. 여기에는 세상의 창조주, 타락한 세상을 온전하게 회복시키기 위해 그 세상의 고통과 슬픔과 비탄으로 들어오기로 하신 분이 계시다. 여기에는 고통을 직접 경험하신 하나님, 자기 백성의 재앙에 동참하시는 하나님이 계시다. 우리는 더 이상 홀로 고난 받으면서 아무도 우리에게 주목하지 않는다고 말할 수 없다. 하나님이 직접 고난을 경험하셨다.

이 점에 대해서는 훨씬 더 많은 것을 말할 수 있으며, 앞으로 더 살펴볼 것이다. 하지만 주요 논지는 분명하다. 기독교의 하나님과 데카르트의 하나님은 다르다. 후자(우리가 강조했듯이, 그것은 비교적 최근에 만들어 낸 것이다)의 죽음에 대해 애도할 이유는 별로 없다. 그리스도인들은 이제 예수 그리스도의 수난과 죽음을 통해 나타난 하나님의 돌보심과 자비하심을 반드시 세상에 알려야 한다.

하나님의 고난에 관한 점은 너무나 중요한 것이라서 더 살펴보아야 한다.

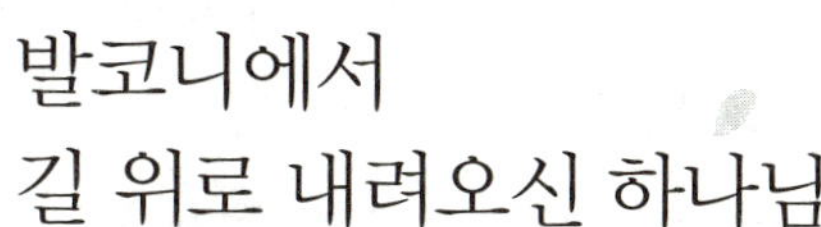

발코니에서
길 위로 내려오신 하나님

십자가. 이 말은 일찍이 이 세상에 알려진 가장 위대한 이야기를 요약한다. 그 이야기를 깊은 감동 없이 읽기는 어렵다. 예수님의 장엄하고 고귀한 고난은 종종 사람들을 감동시켜 십자가에 대한 깊이 있는 질문을 던지도록 한다. 왜 이 놀라운 분은 이런 식으로 고난을 받아야 했는가? **하나님**은 십자가에서 무엇을 하고 계셨는가? 그것이 바로 우리가 지금 살펴보려는 질문이다.

그 질문에 대한 첫 번째 대답은 첫눈에 보기에 다소 시시하게 보일 수도 있을 것이다. **그분은 거기 계셨다.** 십자가에서 죽어 가고 있는 분은 평범한 인간이 아니다. 갈보리에서는 세 사람이 십자가에 달렸다. 하지만 가운데 십자가에 달린 사람에게는 뭔가 대단히 다른 것이 있었다. 그분은 범죄자 중 하나로 헤아림을 입는(사 53:12) 것으로 만족했다. 하지만 그분은 그들 중 하나는 아니었다. 십자가의 의미는 예수님 자신의 신원을 인식할 때에만 파악할 수 있다.

부활이 분명하게 밝히는 것처럼(롬 1:3-4), 하나님의 아들 자신이 잔인한 십자가에 못 박히셨다. 우리를 살리기 위해 십자가에서 죽으신 분은 하나님의 아들이셨다(요 3:16). 그렇지만 예수님은 "나의 하나님, 나의 하나님, 어찌하여 나를 버리셨나이까"(막 15:34)라고 외치셨다. 죄는 우리를 하나님과 단절시킨다. 여기서 우리는 그리스도가 그 외로운 어깨에 인간의 죄와 그 모든 결과를 다 지신 것을 볼 수 있다. 이 고뇌의 순간에 그리스도는 하나님과 단절된 느낌을 우리와 공유하셨다. 그리스도가 엄청나게 낮아지신 이 순간, 우리에게 지워져 있던 인간의 죄 짐이 그리스도께 지워졌다. 그분은 기꺼이 순종하는 마음으로 많은 사람의 죄를 지셨다(사 53:12).

거기 갈보리에 정말 하나님이 계셨다는 사실을 먼저 강조하는 것이 그리 중요해 보이지 않을지도 모른다. 하지만 그것은 매우 중요하다. 특히 인간의 고난과 관련하여 그렇다. 하나님 역시 고난을 아신다는 것을 의미하기 때문이다. "상처받은 의사만이 치유할 수 있다"는 유명한 말은 우리와 동일한 문제를 가져 본 사람, 우리가 지금 겪고 있는 것을 이미 겪었으며, 그것을 이기고 승리한 사람과 더 관계를 잘 맺을 수 있다는 사실을 강조한다. 하나님께 향하는 것은, 고난을 알고 이해하시는 분에게 향하는 것이다. 그리스도는 갈보리의 상처받은 치유자, 우리의 상처와 상해를 공유하며, 우리를 치유하고 위로하는 분이시다.

내가 좋아하는 미술품 중 하나는 마티아스 그뤼네발트의 유명한 〈이젠하임 제단화〉이다. 그리스도가 십자가에서 상처받고 대단히 고통스러워하는 모습을 그린 작품이다. 그리스도의 발치에는 두 사람이 있다. 십자가의 한쪽에는 마리아가 아들을 잃은 슬픔에 울고 있다. 이것은 그리스도의 죽음을 묵상하는 가장 위대한 시 중 하나인 〈스타바트 마테르 돌로로사〉에 영감을 준 주제이다. 다른 쪽에는 세례 요한이 긴 손을 뻗어 죽어가는 그리스도를 가리킨다. 마치 자신에게서 시선을 돌려 그리스도, 곧 자신이 선포하러 온 그분을 향하고 있는 것 같다. 그는 이렇게 말하는 것처럼 보인다. "**이분**이 바로 우리의 믿음 전체의 기초가 되는 분이시다. **이분**이 바로 고난과 고통의 열쇠를 쥐고 있는 분이시다." 하지만 그 첫 성금요일의 비극에 대한 또 다른 증인이 있다. 보이지 않고 묘사되지 않는 분이신 하나님 자신, 자신의 외아들을 잃는 슬픔을 견디고 있는 분이다. 우리는 구속의 대가, 죄를 이기기 위해 하나님이 견뎌야 했던 고통, 우리에 대한 그분의 사랑을 상기하게 된다. 그 사랑은 그리스도의 고난과 죽음을 통해 계시된다. 하나님의 아들이 우리를 위해 인간의 삶에 가해진 모든 슬픔과 고통과 괴로움을 견디기 때문이다.

길 위의 시각에서 볼 때, 예수 그리스도는 동료 여행자, 즉 우리가 '믿음의 삶'이라고 부르는 그 어렵고 구불구불한 길을 따라 함께 여행하는 사람처럼 보일 수 있을 것이다. 하지만 발코니에서 보면 그는 우리 모두와는 매우 다르게 보인다. 여기에 길 위에서 시간을 보내기로 하신 하나님이 계시다. 그분은 하늘과 땅을 만드신 동일한 하나님이시다. 우리의 자리는 그 길이며. 그분은 우리와 합류하기로 하셨다. 꼭 그래야 하는 것은 아니었다. 그렇게 하고 싶으셨을 뿐이다. 그리고 그분이 그 길에 계심으로 모든 것이

바뀐다. 우리는 최고의 일행과 동행함을 알고 여행할 수 있을 뿐 아니라, 그 길이 신뢰할 만하다는 새로운 확신을 가지고, 그 길이 반드시 최종 목적지에 도착할 수 있다고 확신하며 안심하게 된다.

우리는 연약하고 죽을 수밖에 없는 인간이 된다는 것이 무슨 의미인지 전혀 모르는, 멀리 떨어진 하나님에 대해 말하고 있는 것이 아니다. 그분은 알고 이해하신다. 그래서 우리는 은혜의 보좌 앞에 담대히 나아갈(히 4:16) 수 있다.

하나님이 갈보리에 계셨음을 아는 것은 중요하다. 엄청나게 중요하다. 십자가는 하나님께서 인생의 어두운 면, 고통과 고난을 겪으셨다고 증거한다. 그리고 우리가 인생의 어두운 면을 체험할 때, 우리가 겪고 있는 고난을 그분이 아시리라는 확신 가운데 그분에게 기도하며 의지할 수 있다. 그것은 슬픔과 고난의 때에 드리는 기도가 원래 의도대로 훨씬 더 의미 있고 현실적인 것이 되게 만들어 준다.

기독교 신학에서는 예수님이 인간이 되신 것을 말할 때 '성육신'이라는 말을 사용한다. 성육신에 대해, 혹은 '성육신하신 하나님'에 대해 말하는 것은 하나님이 예수 그리스도 안에서 우리 중 하나가 되셨다고 선포하는 것이다. 예수님이 하나님**이라면**, 예수님이 십자가에 달리신 광경은 하나님에 대한 놀라운 통찰을 많이 제공해 주는데, 각 통찰마다 책 한 권 분량씩은 차지한다. 다른 것으로 넘어가기 전에 이 통찰 중 두 가지를 살펴보자.

먼저, 예수님이 하나님이라면, 그분은 하나님을 알리는 최고의 시각자료이다. 때로 우리는 모두 하나님에 대해 말하는 것이 얼마나 힘든지 알고 있다. 그 이유 중 하나는 하나님을 마음속에 그려 보는 것이 어렵기 때문이다. '하나님'이란, 추상적인 개념에 불과한 경우가 너무 많다. 그런데 하나님은 우리가 그분에 대해 생각하려 애쓸 때 예수님을 생각하도록 해 주셨다. 예수님을 본 것은 하나님 아버지를 본 것이다. 예수님은 하나님을 들여다보는 창문이다.

하나님의 성품에 대해 누군가에게 이야기하고 있다고 생각해 보라. 당신은 그분의 사랑이 얼마나 엄청난 것인지 설명하고 싶다. 예수님이 없다면 그 놀라운 사랑을 설명할 단어를 찾으려다 다소 더듬거리게 될 수도 있을 것이다. 이런 표현 저런 표현을 다 끌어대느라 애쓸지 모른다. "말로 표현하기에는 너무나 놀랄 만한 거야", "사람의 말로는 도저히 표현할 수 없는 거지" 하는 식으로 말이다. 이것은 모두 사실이다. 하지만 그런 식의 설명은 하나님의 사랑에 대해 궁금한 친구에게 그리 큰 도움이 되지는 못할 것이다.

그런데 성육신이 어떻게 이 모든 것을 바꾸어 놓는지 보라. 더 이상 당신은 적합한 말을 찾느라 당황하지 않아도 된다. 당신은 친구에게 예수님이 외롭고 고통스럽게 십자가로 터벅터벅 걸어가서는 거기에서 수치와 고뇌 가운데 죽으신 것을 상상해 보라고 말할 수 있다. **그분이** 저지른 죄 때문이 아니라 우리를 위해 그렇게 하신 것을 말이다. 이 행동이 보여 주는 사랑을 상상해 보자. 그것은 누군가가 다른 사람을 살리기 위해 자신의 생명을 내어 주는 것과도 같다. **하나님**의 사랑은 바로 이런 것이다. 이렇게 하면 하나님의 성품을 새롭고 깊고 명쾌하게 이해할 수 있겠는가? 당신은 더 이상 추상적인 개념을 말하지 않아도 된다. 당신은 실생활에서 일어난 가슴 저리고 감동적인 사건에 대해 말하면 된다. 그 사건은 오늘날까지도 사람들의 삶을 감동시키고 변화시킬 능력을 가지고 있다.

하나님이 십자가를 통해 이루신 두 번째 역사는 **하나님이 우리를 얼마나 사랑하시는지를 납득시키신** 것이다. 이 점을 인식하기 위해, 하나님의 본성을 생각해 보자. 우리는 그분을, 우리가 사는 거칠고 혼란스러운 일상을 초월한 저 높은 곳에 계신 하늘의 왕으로 생각하기가 매우 쉽다. 그분은 이 세상의 염려와 문제에 초연한 멀리 떨어진 분일 것이다. 그분은 자신의 피조물에 관심을 갖기에는 너무 높으신 분일 것이다.

그러나 성육신의 교리는 하나님의 **겸손**을 감동적으로 보여 준다. 세상을 창조하신 분이 자신이 창조하신 세상에 들어오기로 하셨다. 로마 황제처럼 당당하게 권능으로 오신 것이 아니라, 로마 제국 한구석 너저분한 동네에서 아기로 태어나신 것이다. 하나님은 우리가 있는 곳에서 우리를 만나시기 위해 자신을 낮추셨다. 그리고 그분을 만나려면 우리도 스스로 낮추어야만 한다.

무엇보다도, 하나님이 자신을 낮추신 곳이 바로 십자가이다. 십자가에서 죽으시는 분이 다름 아닌 하나님의 아들이라는 것을 일단 인식하게 되면, 완전히 새로운 세계가 우리에게 열린다. 사람들은 하나님이 그리스도를 버리셨다고 생각했다. 하지만 실상 그분은 거기 계시면서 세상의 구원을 이루고 계셨다. 십자가 주위에 있던 무리들은 예수님에게 자신을 구원하라고 요구했다. 하지만 그분은 끝까지 거기 머무시면서 우리를 구원하셨다. 그분은 우리에 대한 그분의 사랑 때문에 고난을 지셨다. 하나님의 아들이 당신과 나 같은 사람을 위해 기꺼이 죽으셨다. 어떤 사람이 특별히 선한 사람을 위해 자신의 생명을 주는 것은 이해할 수도 있을 것이다. 하지만 놀라운 것은 이것이다. 즉 우리가 아직 죄인 되었을 때에 그리스도가 우리를 위하여 죽으셨다는 것이다(롬 5:8). 바울이 말했다. "나를 사랑하사 나를 위하여 자기 자신을 버리신 하나님의 아들을 믿는 믿음 안에서 사는 것이라"(갈 2:20).

당신이 어떤 사람에게 대단히 신경을 쓰고 관심을 가지는데 상대는 그것을 제대로 인식하지 못한다고 생각해 보자. 당신이 그를 얼마나 사랑하는지 그의 마음에 새기기 위해 무엇을 할 수 있을지 상상해 보자. 상대에 대한 당신의 감정을 말로 표현할 수도 있다. 그것도 많은 도움이 될 것이다. 하지만 우리는 모두 행동이 말보다 더 효과적이라는 것을 안다! 더 인상적으로 사랑을 보여 주는 방법은 뭔가를 **행하는** 것, 이를테면 그에게 뭔가 특별한 것을 주는 것이다. 그리고 결국 누군가가 다른 사람에게 줄 수 있는 최고의 것은 자신의 생명이다(요 15:13). 우리는 바로 십자가에서 그런 일이 일어나고 있는 것을 본다. 하나님은 우리에게 자신이 가지고 있는 가장 귀한 것, 곧 자신의 아들을 주셨다. 그분이 우리를 얼마나 사랑하는지 보여 주기 위해서이다(요 3:16). "사랑은 여기 있으니… 하나님이 우리를 사랑하사 우리 죄를 속하기 위하여 화목 제물로 그 아들을 보내셨음이라"(요일 4:10).

하지만 십자가에는 그 이상의 것이 있다. 하나님은 우리를 사랑하셨다. 그리고 그 사랑의 일부는 죄로 인해 뒤죽박죽이 되어 버린 곳에서 우리를 꺼내시기 위해 우리를 변화시키시려는 그분의 확고한 목적과 능력이다. 그것은 죄의 **형벌·권능·존재**를 처리하신다는 것이다. 그렇다면 하나님이 십자가에서 하고 계셨던 세 번째 중대한 일은 이렇게 요약할 수 있다. 하나님은 **우리 삶에서 죄의 견고한 진을 파하고 계셨다.** 하나님의 아들의 순종하는 삶, 그분의 고난과 죽음은 우리를 죄의 형벌에서 구해 주시고, 죄의 권능을 깨뜨리기 시작하시며, 언젠가 마침내 죄의 존재로부터 우리를 해방시킬 것이다. 그리스도의 십자가를 통해서, 하나님은 몇 가지 사건을 추진하셨다. 그 사건 중 일부는 이미 일어났으며, 일부는 진행 중이며, 일부는 앞으로 온전히 일어날 것이다.

하나님은 십자가에서 무엇을 하고 계셨는가? 넷째로 하나님은 우리를 **죽음의 두려움에서 해방시키고** 계셨다. 서구 문화권의 많은 사람은 죽음에 대한 공포에 사로잡혀 있다. 사람들은 심지어 죽음에 대해 말하는 것조차 힘들어한다. 죽음이 너무나 위협적인 주제이기 때문이다. 하지만 예수님은 그분의 십자가와 부활을 통해 이런 무시무시한 두려움에서 자신의 백성을 해방시키신다. 예수님이 우리와 마찬가지로 인간의 본성을 지닌 것은 "죽음을 통하여 죽음의 세력을 잡은 자 곧 마귀를 멸하시며 또 죽기를 무서워하므로 한평생 매여 종노릇하는 모든 자들을 놓아 주려 하심"(히 2:14-15)이다.

하나님은 그리스도의 죽음과 부활을 통해 죽음에 대해 크고 유명한 승리를 거두셨다. 그리고 그 승리는 우리의 것이 될 수 있다! 바울이 고린도전서 15장에서 그리스도의 부활의 사실과 적절성에 대한 위대한 해설의 결론을 내리는 것을 들어 보라. "우리 주 예수 그리스도로 말미암아 우리에게 승리를 주시는 하나님께 감사하노니"(57절).

그런데 십자가에 대해서는 이보다 훨씬 더 많은 것을 말할 수 있다. 그리스도의 십자가에 수렴되는 복음의 많은 중심 주제를 제대로 다루려면 교과서라도 있어야 할 것이다. 죄 사함의 실상이라는 주제는 죄 사함의 큰 대가라는 주제와 마찬가지로 매우 중요하다. 사람들이 십자가에 반응하고, 십자가가 우리의 타락하고 깨어진 삶에 영향을 미치도록 해야 한다는 주제도 마찬가지다.

여기서 찰스 웨슬리의 위대한 찬양곡인 〈정말일까〉(And can it be?)를 생각해 보자. 그 찬송가는 나 스스로도 대단히 궁금하게 여겨왔던 질문으로 시작된다.

정말일까? 내가 구세주의 피에서 유익을 얻는다는 게?

어떻게 그리스도의 죽음이 **나에게** 영향을 미칠 수 있는가? 웨슬리가 선택한 단어를 주의 깊게 살펴보자. 그는 '나의 구세주의 피'라고 말하지 않고, '구세주의 피'에 대해 말한다. 왜 그런가? 당신이 그분을 당신의 구세주가 되도록 받아들이기까지 그분은 당신의 구세주가 아니기 때문이다. 그분은 누군가 다른 사람의 구세주이시다. 독일의 종교 개혁가인 마르틴 루터는 누가복음 2장 11절에 나오는 "오늘 다윗의 동네에 너희를 위하여 구주가 나셨으니 곧 그리스도 주시니라”는 구절을 해설하면서 동일한 점을 지적했다. 루터는 그리스도가 누군가 다른 사람의 구세주이며 다른 사람의 주님이라는 것을 강조했다. **당신이** 그분을 당신의 구세주요 주님으로 받아들이지 않는다면 말이다.

믿음은 그리스도와 그분이 주는 모든 유익을 받아들여 그것을 당신의 것으로 만들기로 결심하는 것이다. 그것은 생명의 떡을 먹고 살기로(요 6:48), 생수의 샘을 깊이 들여마시기로(요 4:14) 결심하는 것이다. 그것은 그리스도에게 굴복하기로 결심하는 것이다. 우리가 최종적으로 그분의 부활의 영광에 참여하기 위해 그분의 고난에 참여하기로 결심하는 것이다(롬 8:17).

하나님이 우리 주 예수 그리스도로 말미암아 우리에게 승리를 주신다(고전 15:57)는 바울의 극적인 선포 역시 동일한 점을 매우 분명하게 말한다. 그분은 우리에게 무언가를 제공하신다. 우리는 그것을 받아들여야 한다. 믿음은 하나님이 그리스도의 십자가를 통해 우리에게 제공하시는 것을 받아들이는 것이다. 당신이 친구에게 값진 선물을 주고 있다고 상상해 보자. 당신은 그의 앞에서 선물을 들고 팔을

뻗은 채 참을성 있게 서 있다. "가져, 네 거야!" 하지만 친구는 아무런 반응도 하지 않는다. 그는 당신의 선물을 받아들이려 하지 않는다. 결국 당신은 슬픔에 잠겨서 돌아선다. 누군가에게 뭔가 값진 것을 제공한다 해서 그들이 그것을 반드시 받아들이는 건 아니다. 하나님은 십자가를 통해 우리에게 엄청나게 값진 것을 제공한다. 그것을 우리에게 주시기 위해 그분의 독생자가 죽으실 정도로, 그것은 너무나 값진 것이다. 우리는 죄 사함과, 죽음에 대한 승리와 새로운 생명을 제공받는다. 하지만 우리는 이 선물을 받아들여야 한다.

그리스도인으로서 나 자신의 삶을 되돌아보면, 내 삶의 전환점은 내가 그리스도의 십자가를 받아들이지 않으면 그것은 나를 변화시키지 않는다는 사실을 깨달았을 때였다. 나는 기독교가 이러저러한 것이 사실임을 믿는 것이라고 생각하곤 했다. 예를 들면, 십자가 처형이 정말로 일어났다는 것 등을 믿는 것이다. 그러나 나는 그것이 내게 개인적으로 영향을 미칠 수 있다는 것은 깨닫지 못했다. 나는 역사에서 일어난 이 사건이 나 자신의 역사(history)를 완전히 뒤집고 그것을 나를 위한 "그분의 이야기"(his story)로 만들 수 있다는 것을 알지 못했다.

그때 이후 나는 많은 사람이 동일한 어려움을 가지고 있는 것을 보았다. 그들은 십자가를 아주, 아주 오래 전에 아주, 아주 먼 곳에서 일어난 사건으로 생각한다(유명한 이야기는 언제나 그렇게 시작하는 듯하다!). 당신이 그런 상황에 있다면, 내 경험이 도움이 될 것이다. 나는 눈을 감고 내가 갈보리의 군중들 한가운데 서서 그리스도가 죽으시는 모습을 지켜본다고 상상하는 것이 매우 도움이 되곤 했다. 나는 이렇게 자문하고 있는 모습을 상상하곤 한다. "왜 이 훌륭한 사람이 죽어야 했는가?" 그리고 점차로 나머지 무리들은 서서히 희미해진다. 나 혼자만 거기 덩그러니 남아 있다. 그리고 한 음성이 들린다. "**네**가 바로 그리스도께서 죽어야 했던 이유이다."

그러면 하나님은 십자가에서 무엇을 하고 계셨는가? 앞에서 살펴본 것처럼, 많은 일을 하셨다. 하지만 이 책은 고난에 관한 책이다. 그렇기 때문에 우리는 십자가가 어떻게 이 주제와 관련되어 있는지 물어보아야 한다. 우리의 목적에서 가장 중요한 대답은 우리 하나님이 고난 가운데 임하셨고 고난에 참여하셨다는 것과 관련되어 있다. 하나님은 갈보리에 계셨다. 그분은 발코니에서 길 위로 내려왔으며, 우리 가운데 행하시면서 우리처럼 고난 받고 놀라셨다. 그분은 고난 받는다는 게 어떤 것인지 직접 아신다. 믿음은 우리에게 이런 중대한 통찰을 제공한다. 신학은 우리가 그것을 가치 있게 여기고 음미해야 한다고 주장한다.

그래서 창조주가 그의 피조물에 들어오셨다. 호기심에 찬 여행자가 아니라, 헌신된 구원자로서. 그분은 발코니에서 길을 관찰하신 것이 아니라, 길까지 내려오셨다. 우리와 함께 계시기 위해서이다. 기독교의 크리스마스는 자신을 비우는 이 놀라운 겸손의 행위를 경축한다. 그때 우리는 이루 말할 수 없이 화려하고 풍성한 그분이 우리를 위해 가난하게 되셨다는 것을 상기한다. 니케아 신조에 나와 있듯이, "우리를 위해, 그리고 우리의 구원을 위해, 그분은 하늘로부터 내려오셨다." 찰스 웨슬리의 찬송 〈정말일까〉를 몇 줄 더 생각해 보자.

그는 위에 있는 아버지 보좌를 떠났도다
그의 은혜는 값없고 무한하도다
사랑 외의 모든 것은 벗어 버리시고

아담의 무력한 인류를 위해 피 흘리셨네.

하나님의 사랑은 그리스도의 고난에서 표현되는데 그 고난은 우리의 구속을 이끈다.

어떤 사람들은 하나님이 모든 것을 아신다는 점을 지적하는데, 옳은 말이다. 그분은 고난이 어떤 것인지 알기 위해 굳이 고난을 체험하실 필요가 없으셨다. 하지만 우리는 그런 관찰을 거꾸로 뒤집어 볼 수 있다. 그것은 첫째, 하나님이 고난이 무엇인지 알기 위해 고난을 받으실 **필요는 없었다**는 것을 상기시켜 주기 때문이다. 그러나 그분은 고난을 **받기로 하셨다**. 왜 그랬는가? 부분적으로는 하나님이 "우리의 연약함에 적응"(장 칼뱅)하시기 위해서다. 하나님은 하나님 역시 고난을 아신다는 사실을 우리가 받아들이기 힘들다는 것을 아신다. 그래서 우리를 위해 자신이 그것을 아신다는 것을 가능한 가장 분명하게 보여 주셨다. 그리스도의 십자가 처형은 하나님이 고난을 직접적으로 아신다는 것을 공개적으로 보여 준 것이다. 그것은 부분적으로는 우리에게 이 점을 확신시킨다. 하나님은 우리의 믿음이 얼마나 약한지 아시며, 그 믿음을 유지하고 지원하기 위해 그분이 할 수 있는 일은 무엇이든 하신다.

둘째, 머리로 아는 것과 경험으로 아는 것은 크게 다르다. 나는 고통당하는 친구를 지켜보면서 고난에 대해 알 수 있다. 하지만 나는 관찰자이지 참여자가 아니다. 나는 길 위에 있기보다는 발코니에 있다. 아니면 나 자신이 고난을 체험함으로 그것을 직접 알 수 있다.

나는 젊은 시절 편두통이 얼마나 지독하게 고통스러운지 사람들이 이야기하던 것을 기억한다. 나는 이 두통이 고통스럽다는 것을 알기는 했지만, 그것은 간접적인 통찰이었을 뿐이다. 나 자신이 그 고통을 체험한 것은 아니었다. 내가 사람들과 새롭게 공감하게 된 때는 직접 그 편두통의 고통을 처음으로 체험했던 때였다. 나는 그들이 겪은 고통을 비로소 직접 알게 되었다. 아픈 경험이었다! 우리는 첫 번째 종류의 지식을 '인식적' 지식, 두 번째 종류의 지식을 '경험적' 지식이라고 부를 수 있을 것이다.

나는 우울증에 빠진 한 학생과 대화를 나눈 적이 있다. 그는 자신의 상황이 대처하기 어려운 상황이라고 생각했다. 자신이 할 수 있는 일이 거의 없는 것처럼 보였기 때문이다. 그의 침대맡에는 "우울증을 견디며 살아가는 법"이라는 책이 있었다. 그 책의 저자 역시 우울증의 시기를 겪었으며 그 후에 자신의 경험을 글로 옮겨 놓았다. 이따금 이 학생은 그 책을 조금씩 읽곤 했다. 그렇게 하고 나면 훨씬 기분이 나아지곤 했다. "내가 느끼는 게 바로 그거야. 그 사람은 정말로 나를 이해하고 있어!" 그런 생각은 그가 우울증을 잘 대처해 나가도록 도와주었다. 왜냐하면 그는 자신이 현재 경험하고 있는 것을 다른 누군가가 이미 겪었다는 사실에 위로를 받기 때문이다. 터널 끝에는 빛이 있었다.

복음서에 나오는 수난 기사들은 그 책과 같다. 그것은 발코니의 통찰을 길 위에 있는 우리에게 가져다준다. 그 이야기는 정말 고난을 이해하는, 그리고 그것을 몸소 겪으신 분에 대해 말한다. "맞아! 예수 그리스도는 내가 고난을 당할 때 어떻게 느끼는지 분명히 아셔. 이분은 내가 경험한 것과 똑같은 것을 겪으신, 혈육을 가진 진짜 사람이야. 예수 그리스도가 정말 하나님이라면, 하나님은 이 모든 고통과 비탄을 스스로 직접 경험하셨음이 분명해. 나는 이 하나님과 관계를 맺을 수 있어." 그런 생각을 하면 복음의 가장 감동적인 특징 중 하나를 깨닫게 된다. 우리가 예수 그리스도를 통해 알고 있는 그 하나님은 동정심이 있고 공감하시는 분이다. 그분은 우리를 **이해하신다**.

고난과 하나님의 목적에 대한 어떤 논의도 하나님이 예수 그리스도 안에서 고난을 받으셨다는 사실을 무시할 수 없다. 이 중대한 주제는 이 책 나머지 부분 전체에서 계속 등장할 것이다.

생명의 대가

오랫동안 만나지 못했던 옥스퍼드의 동료 교수를 모처럼 만나 점심을 먹으며 이야기를 나누던 중이었다. 어떻게 살고 있는지 서로의 소식을 교환하면서 지인들에 대해 이야기를 나누었다. 친구들이 오랜만에 만났을 때 흔히 그러하듯 말이다. 그러고 나서 그는 교통사고로 중상을 입은 한 젊은 여성의 이야기를 들려 주었다. 그녀는 사고를 당한 후 살아나긴 했지만 남은 생애 동안 상당한 고통을 견뎌야 했다.

내 친구는 깊은 생각에 잠겨 이야기했다. 이와 비슷하게 이야기했던 것으로 기억한다. "그녀는 아주 심하게 다쳐서

아마도 여생 동안 어느 정도 고통을 당하게 될 걸세. 알다
시피, 그녀가 말이나 개 같은 짐승이었다면 아마 안락사 당
했을 거야." 그 말은 내 마음에 남았다. 고백하건데 그날 우
리가 이야기했던 다른 모든 이야기는 다 잊어버렸는데 말
이다.

고난은 우리가 살아 있기 위해 지불해야 하는 대가이다.
그 이상이다. 그것은 우리가 인간이 되기 위해 지불하는 대
가이다. 우리는 짐승이 고통을 당하지 않도록 하기 위해서
라면 기꺼이 짐승의 생명을 끊을 것이다. 하지만 인간의 생
명은 다르다. 인간의 실존은 헤아릴 수 없이 귀중한 것처럼
보인다. 고난은 삶을 무의미하거나 무가치하게 만들지 않
는다. 고난은 삶의 일부이다. 그것이 없어도 살 수 있는 추
가적인 요소가 아니라, 우리 인간 실존의 중대한 측면인 것
이다. 고난을 제거하는 것은 삶 자체를 제거하는 것이다.
그렇게 되면 시련과 환난을 영구적으로 느끼지 못하는 가
상의 세계를 살게 될 것이다. 그 세계는 또한 인생의 기쁨
과 즐거움들도 느끼지 못하는 곳이다.

하지만 거기에는 이 이상의 것이 있다. 고난은 우리를
성숙시킨다. 우리는 고난을 통해 배운다. "파테마타 마테

마타—고난은 교육이다”라는 헬라어 금언에는 상당한 진리가 담겨 있다. 고난은 우리를 더욱 민감하고 동정심 있는 사람, 다른 사람의 필요와 염려를 더욱 잘 인식하는 사람으로 만든다. 그것은 인간의 창의력이 지닌 온전한 힘을 발휘하게 한다. 최고의 소설 중 대부분이 고통이나 역경에 처한 상황에서 쓰인 것처럼 보이는 것은 우연이 아니다. 반 고흐의 그림은 그의 개인적인 슬픔을 반영한다. 베토벤의 가장 위대한 음악 중 일부는 그가 청력을 잃고 자신이 만든 음악 세계에서 단절될지도 몰라 망연자실해 있던 시기에 탄생된 것이다.

고난은 종종 인간의 잠재능력을 최대한 끌어내어, 점잖빼고 방심할 때는 쉽게 질식되어 버리는 창의력을 발휘하게 한다. 올슨 웰레스는 물질적인 행복과 부유함이 인간의 상상력을 억압한다는 것에 주목한 많은 저자 중 하나다. 르네상스 시대 이탈리아에서는 당시 모든 투쟁과 고난 속에서 인류 역사상 최고로 멋진 예술 작품 중 일부가 탄생했다. 하지만, 중립적인 위치에서 순조롭게 번영하던 스위스가 인간 문화의 역사에 일찍이 기여한 것이 무엇이냐고 웰레스는 묻는다. 뻐꾹 시계뿐이다.

인간이 된다는 것은 자유롭게 되기를 원하는 것이다. 사람에게 자유는 중요하다. 지금까지 국가의 자유를 보존하거나 회복하기 위해 얼마나 많은 전쟁이 일어났는지 모른다. 시민의 자유를 요구하는 인권 투쟁들도 생각해 보자. 자유에 대한 열망은 단순히 인간 문명뿐 아니라 인간 본성의 본질적인 특징처럼 보인다.

동유럽의 한 작은 나라의 유력한 정치가가 인터뷰하던 장면이 기억이 난다. 그는 훨씬 큰 이웃나라인 구소련으로부터 자유를 요구하고 있었다. 사회자는 그에게 중대한 점을 추궁했다. 이로 인한 경제적 결과는 어쩔 것인가? 더 큰 이웃나라에서 단절되면 경제적으로 파산하게 되지 않을까? 그는 분노에 차서 대답했다. "아마 그럴지도 모르지요. 하지만 우리는 우리 스스로 실수를 저지를 자유를 원합니다!"

그 대답에는 많은 의미가 들어 있다. 아이들은 가정의 익숙함과 안정을 버리고 부모의 집을 떠난다. 왜 그럴까? 자유롭고 싶기 때문이다. 그들은 아무리 자기 부모를 존경한다 해도, 자기 자신의 삶을 살고 자기 스스로 결정을 내리며, 자신의 실수로부터 배우기를 원한다. 마음속 깊은 곳에서 우리는 모두 스스로 배우고 싶은 마음이 있다는 걸 안다. 우리는 권위에 밀려서 모든 것을 받아들이고 싶지는 않다. 그것은 맹목적이고 지각없는 독재로 빠져들어 가는 것과 너무나 비슷하다. 우리는 스스로 상황을 검토하고 싶다. 그리고 그것은 그렇게 할 자유를 가진다는 뜻이다.

하지만 이 자유에 대한 대가는 무엇인가? 우리에게 자유가 있다는 것은 곧 우리가 실수를 저지를 자유, 다른 사람들에게 상처를 줄 자유, 악을 유발시킬 자유가 있다는 것을 암시한다. 실증주의 저자 중 가장 명민한 사람으로 손꼽히는 장 폴 사르트르는 인간이 자유라는 형을 선고받았다고 말했다. 다시 말해 우리는 자유롭게 되는 것 외에 그리고 그 자유의 결과와 더불어 사는 것 외에 다른 선택권이 없다는 말이다. 우리가 그저 받아들일 만한 것만을 행하도록 프로그램화된 일종의 기계나 컴퓨터라면, 악의 문제는 전혀 생겨나지 않을 것이다. 우리는 잘못된 일을 행하지 않을 것이다. 우리는 그런 일을 행하도록 **허용되지** 않을 것이다. 우리는 고난이나 악을 일으키지 않을 것이다. 하지만 그렇게 되면 우리는 자유롭지도 않을 것이다.

그래서 우리에게는 두 가지 선택권이 있다. 제한된 의미에서 자유롭든가(오직 선만을 행하도록), 아니면 보다 충분한 의미에서 자유롭든가(실수를 범하고 악을 행할 자유라는 염려스러운 가능성을 포함해서) 둘 중 하나인 것이다. 첫 번째 선택권에는 온정주의의 위험이 내포되어 있다. "이건 하지 마라. 네게 좋지 않을 거야." 창세기 3장의 원죄는 바로 이런 자유를 거부한 것에 기초한다. 최초의 남자와 여자는 원하는 대로 행동할 자유가 있었다. 하나님이 금지하신 일을 하지 않았다면 말이다.

하지만 그들은 그 일을 행했다. 그들은 어떤 것이 금지된 것이며 어떤 것이 그렇지 않은지 지시받기를 싫어했다. 그들은 하나님처럼 되기를 원했다. 무엇이 옳고 무엇이 그른지 결정할 자유를 원했던 것이다. 그들은 자신의 한계를 설정하고자 했고 그 한계 안에서 살고자 했다. 기독교 전통은 이 불순종의 행위가 모든 고난의 뿌리라고 본다. 우리가 자유롭게 스스로 선택하고 그에 따라 행동하게 해 달라고 요구하는 것이다. 타락한 인간 본성의 중심 요소는 좋지 않은 의미의 독립심인 듯하다. 우리는 뭘 하고 뭘 하지 말아야 하는지 지시받는 것을 좋아하지 않는다.

그래서 우리는 자유를 가지고 있다. 악을 행할 자유, 하나님을 피하고 불순종할 자유 말이다. 하나님은 우리가 인간이 될 여지를 남겨 두셨다. 그분은 우리가 실수를 할 여지를 두셨다. 하나님은 피조물이 자유를 행사할 수 있도록 피조물에게서 손을 떼신다. 하나님이 피조물에게 자유를 주셨지만, 피조물이 그 자유를 행사하는 것을 허용하지 않으신다는 주장은 어불성설이다. 그리고 그 자유가 행사되면서, 세상에 많은 비극적인 고난이 생겨난 것을 볼 수 있다.

다른 어떤 나라보다 인류에게 커다란 고난을 가한 두 나라—나치 독일과 스탈린의 소련—가 모두 의도적으로 끈질기게 하나님을 무시하고, 하나님을 1930년대와 1940년대의 용감한 신세계에는 어울리지 않는 부적절하고 감상적인 것이라고 생각했던 것은 우연이 아니다. 그 으스스했던 시절을 되돌아볼 때, 이제 그런 생각은 하나님보다는 1930년대와 1940년대에 더 어울리는 것처럼 보인다.

그렇다면 우리에게 그런 자유가 없는 것이 더 낫지 않을까? 역설적이게도, 자유는 그 결과를 받아들이기 어렵다 해도 결코 버릴 수 없는 것이다. 사르트르가 제대로 보았듯이, 인간이 된다는 것은 악을 행할 자유와 고난을 가할 자유를 가진다는 것이다. 고난과 관련해서 우리가 가진 문제의 일부는 인간의 본성이 뭔가 잘못되었음을 시인하기를 꺼린다는 것이다. 우리는 인간 본성에 하나님이 주신 자유를 불경건하고 비인간적인 목적을 위해 오용하는 결함이 있음을 인정하기 어려워한다. 하지만 이렇게 생각할 때 손상되는 것은 하나님이 아니라, 인간의 성품이 선하다고 착각하고 순진하게 믿기를 고집하는 인간이다.

여기에서 주목해야 할 고난의 또 다른 측면이 있다. 이것은 인간의 곤경이라는 정말로 딱한 비극이다. 비극이라는 단어는 설명이 필요하다. 일상적인 용법에서 그 말은 비참하거나, 딱하거나, 애처로운 것을 의미한다. 하지만 여기에서는 그 이상을 의미한다. 비극은 우리가 사물을 변화시킬 힘이 없다는 사실을 가리킨다. 우리가 스스로 운명을 통제할 능력이 없음을 암시한다. 그것은 우리가 사물을 변화시킬 힘이 없다는 것, 현 상황에 대한 우리의 절망 섞인 분노를 드러낸다.

우리가 고난으로 마음이 상하는 이유 중 하는 고난을 통제할 수 없기 때문이다. 고난은 죄의 혼란, 무질서의 일부이다. 우리는 사람들을 달로 보내고, 멀리 떨어진 행성 대부분의 비밀을 발견하는 기술은 정복했지만 정작 이 땅의 고통은 종식시킬 수 없었다. 현대인이 고난을 이처럼 껄끄러워 하는 이유 중 하나는 고난의 존재가 인간 성취의 한계를 가리키기 때문이다. 고난은 정복되지 않고 길들여지지 않은 채로 남아 있다. 인간 문명이 이토록 진보했음에도 불구하고 말이다.

많은 문화권에선 인생의 비극적인 측면에 대처하는 법을 개발해 왔다. 그들은 자연을 통제하거나 그것을 예측하기 어렵다는 것을 안다. 인생의 변화와 기회가 있을 때는 고난도 온다. 중세에는 고통이 중요한 철학적 주제였던 것 같지 않으며, 오늘날 아프리카와 남미의 수많은 사람들에게도 마찬가지다. 하지만 고도로 발달된 서구 사회에서는 고난이 문제다. 아마도 그 사회가 고난에 대처하는 문화적 자원을 오랫동안 잊어버리고 있었기 때문일 것이다. 그것은 신학적 문제라기보다는 문화적 문제이다. 그렇다면 이 문제는 어떻게 발생했는가?

서구에서, 특히 미국에서는 일종의 '문화적 펠라기아니즘'이 우위를 차지해 왔다. 펠라기아니즘은 15세기 초 로마에서 일어난 운동으로, 인간이 상황을 완전히 통제할 수 있다고 주장했다. 비평가들은 이 지나치게 자신만만한 세계관이 인간 본성의 비극적인 측면 및 명백한 약점과 실패를 간과한다고 지적했다. 펠라기아니즘을 파헤쳐 보면 그 것은 망상이다. 하지만 많은 사람들이 열렬히 믿고 싶은 망상이다. 그들은 이해하기 어려운 인생의 사실에 직면하고 싶지 않았다. 그리고 그 사실은 인간이 사물에 대한 통제권을 가지고 있는 것이 아니라, 살아남고 번영하려면 하나님의 은혜가 필요하다는 사실을 시사했다.

펠라기우스가 인간은 자신의 운명에 전적인 통제권을 가지고 있다고 단언했던 것처럼, 현대의 서구 사회는 인간이 자기 존재의 모든 측면을 통제할 수 있다고 믿고 싶어한다. 하지만 서구 사회는 과학 기술 면에서는 엄청나게 발전했다 해도, 고난을 통제하지 못할 뿐 아니라 죽음을 물리칠 수도 없다는 것을 발견했다. 여기에서 다시 우리는 매우 매혹적인 망상에 빠지게 된다. 많은 사람들은 완전한 사회를 이룩할 수 있는 가능성과 인간 본성의 본질적인 선함을 믿고 싶어 한다. 그리고 그들은 인생의 냉혹한 사실에는 눈을 감아 버린다. 고난이 그중 하나인데, 그것은 그들이 위장된 거짓 세계에 살고 있음을 시사한다.

고난은 이처럼 낙관주의의 거품을 터뜨림으로 사람들의

기분을 상하게 한다. 그것은 인간 본성과 인간 문화의 한계를 고통스럽게 일깨워 준다. 고난은 상처가 된다. 그것은 인간 능력의 유한하고 당황스러운 한계를 가리키기 때문이다. 적어도 고난에 대한 신학적 논란의 일부는 이런 격분감과 불쾌감을 반영한다. 고난을 필요 이상으로 큰 신학적 문제로 만드는 것은 서구 사람들—인류 중 가장 특권층이고, 다른 사람들에 비해 놀랄 만큼 높은 생활수준을 누리며, 훌륭한 의료 서비스를 통해 다른 누구보다도 덜 고통 받는—이라는 역설을 설명해 주는 것은 바로 이것이다.

그렇다면 그리스도인은 고난에 어떻게 반응해야 하는가? 부분적으로는 우리 인간의 한계에 대한 인식을 회복해야 한다. 고난은 위협적인 것이다. 그것은 우리가 세상을 통제할 능력이 없다는 것을 상기시키기 때문이다. 우리는 그런 한계를 받아들이고, 그 때문에 고난이 인간 실존의 불가피한 일부임을 인식할 필요가 있다. 그것은 우리가 인간이 되기 위해 지불하는 대가이다. 그리고 그것은 이제껏 존재했던 사람 중 유일하게 완전하신 분의 삶에서 고난이 어떤 위치를 차지하고 있었는지 상기시킨다.

고난에 대한 순진한 견해를 가진 사람은 완벽한 인간인

그리스도는 고통이나 고난을 모르실 것이라고 생각할 것이
다. 하지만 진리는 이런 유토피아적인 망상보다 훨씬 더 인
상적이다. 소크라테스는 우리에게 당당하게 고난을 당하는
법을 보여 주었을지 모르지만, 그리스도는 우리에게 소망
을 가지고 고난을 당하는 법을 보여 주신다.

모든 고통을 없앤
단 하나의 고난

고난에 대한 모든 기독교적 이해는 하나님에 대한 추상적인 생각을 집대성한 것이 아니라 예수 그리스도에 대한 명확하고 적극적인 성찰을 근간으로 하고 있다. 십자가는 고난에 대한 기독교적인 이해의 열쇠다.

이 점을 좀더 전개하려면 이렇게 물을 수 있을 것이다. 즉, 하나님의 사랑은 어떤 것인가? 신학 교과서는 다음과 같이 답한다. 하나님의 사랑은 무한하고 보이지 않으며 손으로 만질 수 없다. 그것은 인간의 언어로 도저히 묘사할 수 없다. 그 말이 사실이긴 하지만 특별히 도움이 되지는 않는다. 하나님이 정말 사랑이시라면 우리 스스로 그 사랑

을 음미하고 다른 사람들에게 그 사랑을 말해 줄 수 있어야
한다. 우리는 그것을 어떤 식으로든 묘사할 수 있어야 한
다. 하나님의 사랑을 알기 위해서는 그저 하나님에 대해 더
배우는 것만으로 충분하지 않다. 하나님의 사랑 자체에 대
해 더 많은 것을 발견해야 한다.

하나님이 그리스도 안에서 성육신하셨음은, 하나님이
어떤 분이 **아니신지** 오랫동안 지껄이는 사람보다는 하나
님이 어떤 분이신지 말하고 싶은 모든 사람에게 복된 소식
일 것이다. 재기 넘치는 몇 가지 성경적 이미지들은 이 점
을 탁월하게 나타낸다. 그리스도는 보이지 아니하는 하나
님의 형상(골 1:15)이다. 아무도 하나님을 본 사람이 없다.
하지만 그리스도는 눈에 보이고 손으로 만질 수 있는 형태
로 하나님을 알리신다(요 1:18). 여기에서 하나님은 육체 가
운데 계시며 자신을 인격적인 형태로 알리신다. 피조물을
만드신 분이 바로 그 피조물 안에 들어오신다. 피조물은
이미 죄에 팔렸는데, 하나님이 그것을 되사기 위해 들어오
시는 것이다.

또한 그리스도는 "하나님의 영광의 광채시요 그 본체의
형상"(히 1:3)이시다. 다시 말해 그리스도는 하나님이 어떤

존재인지 정확하게 나타낸다. 메달이나 동전이 왕이나 대통령이나 통치자의 정확한 초상을 담고 있는 것과 마찬가지다. 팔레스타인에서 사용하던 동전에는 당시 로마 황제의 형상이 새겨져 있었다. 멀리 떨어져 있으며 사실상 모든 주민이 알지 못하는 황제인 것이다(마 22:19-20은 이 점을 이용한다). 마찬가지로, 그리스도는 하나님이 어떤 분이신지 우리에게 드러내심으로 겉보기에 아득히 멀리 있는 듯이 보이는 하나님을 가까이 느끼게 한다.

찰스 웨슬리는 그리스도가 "한 뼘만큼 축소된 우리 하나님"이라고 말했다. 즉, 일정 비율로 축소된 하나님의 메달이라는 것이다. 장 칼뱅은 하나님이 우리의 능력에 맞춰 우리가 파악하고 이해할 수 있는 형태로 자신을 알리신다고 말했다. 그리스도 안에서 하나님은 우리 수준으로 내려오사 우리가 있는 곳에서 우리를 알리신다. 그리스도는 조각상과도 같아(오리겐), 우리가 하나님의 형상을 눈앞에 지니고 그것을 묵상할 수 있도록 해 준다. 바울은 이를 생각하면서 죄인을 향하신 하나님의 사랑이 얼마나 광대한지 더욱 강조한다. 심지어 우리가 아직 죄인 되었을 동안에—우리가 회개하거나 스스로 나아지기 전에—그리스도가 우리를 위해 죽으셨다. 하나님은 죄를 정말 미워할지는 모르지만 죄인은 사랑하신다.

인간적 견지에서 볼 때 인간이 보여 줄 수 있는 가장 큰 사랑의 표시는 보통 그들의 가장 최선이자 최후의 것을 주는 것이다. 그들은 자기가 가지고 있는 가장 큰 것을 주는데, 그것은 생명이라는 값진 선물이다. "사람이 친구를 위하여 자기 목숨을 버리면 이에서 더 큰 사랑이 없나니"(요 15:13).

나는 제1차 세계대전의 만행에 휘말린 한 위생병의 애처로운 이야기를 처음 들었던 때를 생생하게 기억한다. 그는 플랑드르 어딘가에서 안전한 참호 안에 숨어 있었다. 그런데 그때 자신이 있는 안전한 곳에서 좀 떨어진 곳에 한 동료가 부상을 입고 누워 있는 것을 보았다. 그는 동료가 누워 있는 곳까지 상당한 거리를 기어가서 갖은 애를 쓴 끝에 그를 끌고 왔다. 그는 친구를 참호로 끌어내리다가, 저격병의 총탄에 맞아 치명상을 입었다. 그는 죽어 가면서 자기 친구가 목숨을 건졌다는 사실을 알았다. 그는 자기 친구를 위해 자신의 생명을 주었다. 분명 전쟁에서 이러한 사례들은 수없이 많을 것이다. 그것은 극한에 이른 인간의 사랑을 보여 준다. 친구를 위해 자기 생명을 준 그 사람이 앞으로 그 친구와 우정을 나눌 기쁨마저 누리지 못한다는 의미에서 그렇다. 모든 것을 주었으나 아무것도 받지 못한다. 뭔가 값진 것을 이루었다는 너무나 짧은 만족감 외에는.

예수 그리스도가 십자가에서 죽으신 사건 속에서, 우리는 하나님의 놀라운 사랑이 그것을 이상하게 여기는 세상에 드러나는 것을 본다. 그리스도는 인간의 육체를 입으신 하나님이다. 죽어 가는 그리스도의 형상 안에서 우리는 바로 하나님이 자기 백성을 위해 자신을 주시는 모습을 본다. 찰스 웨슬리는 이런 생각에 크게 기뻐한다.

놀라운 사랑! 어떻게 그럴 수 있을까?
나의 하나님께서 나를 위해 죽으시다니?

그리고

신비하도다, 불멸하신 분이 죽으시다니!
이 묘한 이야기를 누가 탐구할 수 있으랴?
헛되도다, 최초의 천사가

하나님의 깊은 사랑을 전해 보려 애쓰나!

여기 계신 분은 대리자도, 대표자도, 위임받은 분도 아니다. 여기 계신 분은 하나님 자신이다. 그분은 우리가 충만한 생명을 누리도록 기꺼이 우리를 위해 자신을 주신다.

십자가의 의미를 성찰한 가장 설득력 있는 글 중 하나는 주후 750년에 고대 영어로 쓰였으며, 〈루드의 꿈〉(Dream of Rood, '루드'는 고대 영어 혹은 앵글로 색슨어로서, '십자가'를 의미하는 말이다)이라고 널리 알려져 있다. 이 시에서 저자는 자신이 '가장 멋진 꿈'을 꾸었는데, 그 꿈에서 보석과 풍성한 승리로 장식된 십자가를 보았다고 말한다.

마치 경이로운 나무를 보는 것 같았네
하늘을 찌를 듯 솟은, 빛나는 나무.

하지만 그가 이 '영광스러운 승리의 나무'를 보고 경탄하고 있을 때, 눈앞에서 그 나무는 피와 핏덩이로 뒤덮혀 버렸다. 어떻게 이 이상한 나무는 두 개의 매우 다른 모양을 지니게 될 수 있을까? 그리고 그가 궁금하게 여기고 있을 때 십자가가 스스로 자신의 이야기를 들려 준다. 한때 어린 나무였던 자신이 숲 속에서 자라다가, 누군가에게 베여 산으로 오게 된 과정을 말이다. 그리고 그것이 제자리에 단단히 박혔을 때, 한 영웅이 와서 자발적으로 그 나무에 달렸다.

그때 그 젊은 영웅(그분은 전능하신 하나님이셨다)은
결연하고 강한 마음으로 준비되셨다
그는 우뚝 솟은 교수대에 오르셨다
지켜보는 모든 사람이 보기에 담대한 모습으로
그분은 우리 모두를 구속하려 하셨기에.

그의 눈앞에서 젊은 영웅은 거무스름하고 잔인한 못에 박혔다. 나무도 같은 못에 박혔으며, 그의 찢어진 살 틈에서 흘러나오는 피로 흠뻑 젖었다. 하지만 이런 섬뜩한 고난을 통해 승리를 이루었을 때 사람들은 자유를 얻었다.

…하나님이 내게 친구가 되시기를
한때 교수대에서 고난 받으셨던 분

여기 이 땅에서 우리 죄를 위해 그분이 우리를 구속하셨고
우리에게 생명과 하늘의 고향을 주셨다.

우리는 십자가를 생각하면서 그것이 우리에게 미친 영
향에만 집중하는 경우가 너무 많다. 하지만 그것이 하나님
께 미친 영향은 어떠했을까? 독생자의 죽음이 하나님께 미
쳤을 영향을 희미하게나마 한번 상상해 보자. 성자는 육체
적인 고통, 하나님 아버지로부터의 단절감, 잔인하고 오랫
동안 질질 끄는 죽음을 겪는다. 성부는 자기 아들이 자신의
피조물에게 잡혀서 십자가에 달리는 모습을 보시는 고뇌를
겪는다. 우리는 성자가 죽으시는 모습을 보면서 하나님이
겪는 고통에 대해 주저 없이 말해야 한다. 그 죽음과 고통
은 진짜였다. 하지만 하나님은 그런 고통과 비탄을 겪을 준
비가 되어 있으셨다. 우리의 구속을 이루기 위해서다.

"하나님이 세상을 이처럼 사랑하사 독생자를 주셨으니
이는 그를 믿는 자마다 멸망하지 않고 영생을 얻게 하려 하
심이라"(요 3:16). 성부와 성자 간의 사랑의 띠인 성령은 그
두 분의 고난에 참여하며, 전체 신성—성부, 성자, 성령—
이 함께 죄에 빠진 인류를 사랑으로 구속하는 고통을 겪는

다. 그 구속의 대가는 엄청난 것이다. 하지만 그 영광스럽고 자비로운 구원의 기초가 되고 그것의 동기를 부여하는 사랑 역시 엄청난 것이다. "하나님의 사랑이 우리에게 이렇게 나타난 바 되었으니 하나님이 자기의 독생자를 세상에 보내심은 그로 말미암아 우리를 살리려 하심이라… 하나님이 우리를 사랑하사 우리 죄를 속하기 위하여 화목 제물로 그 아들을 보내셨음이라"(요일 4:9-10).

그리스도인에게 하나님의 사랑과 인자하심을 의심하게 할 정도로 고난은 문제를 일으킨다. 하나님은 결국 사실상 자기 백성에게 고통을 가하는 것을 즐기시는 무시무시한 신적 사디스트가 아닐까? 아니면 혹시 우리한테 조금도 관심이 없으셔서 우리가 고난을 받든 말든 상관하지 않는 것은 아닐까? 하지만 죄인들에 대한 하나님의 사랑을 성찰해 보면 이 두 가지 모두 사실이 아님을 알 수 있다. 하나님은 우리의 복리를 위해 전념하시며, 고난과 고통으로부터 우리를 구속하시고 마지막으로는 고난과 고통의 존재를 모두 없애기 위해 고난과 고통을 함께 나누신다. 그리스도 안에서 하나님은 겉보기에 전혀 의미 없는 것 같은 고난을 경험하셨다. 그리고 거기에서 선을 끌어내셨다. 그리스도 자신과 그분을 믿는 모든 사람을 위해서다.

하나님의 사랑은 고난 받는 그리스도 안에서 그분을 통해 나타났으며, 그래서 우리의 염려를 자비롭게 달래 준다. 하나님의 은혜로 고난이 그분의 구속적 목적의 일부분을 차지함으로써 말이다. 초대 교회는 이와 같은 통찰을 보호하는 데 열렬한 관심을 가지고 있었다. 도세티즘이라는 이단은 한 가지 특별한 위협을 제기했다. 이것은 예수님이 진짜 인간이 아니었다고 가르친다. 그저 고난을 받는 것처럼 보였을 뿐이라는 것이다. 당연히 초대 교회 신학자들은 그리스도의 고난과 죽음이 사실임을 변호하는 일을 매우 중요하게 생각했다. 그것이 진짜가 아니라면, 그분은 우리를 위협하는 악의 세력들과 진정으로 대결하신 것이 아니기 때문이다.

그렇다면 여기에 하나님의 사랑이 있다. 그것은 하나님이 우리에게 주시는 데 방해가 되는 것은 모두 깨뜨리겠다고 끝없이 결단하시는 사랑이다. 그것은 타락하고 죄 된 피조물인 우리를 향한 우리 하나님의 자비심을 보여 준다. 그것이 다음 장의 주제이다.

우리와
교감하시는 하나님

우리는 성경을 너무 빨리 읽는 경향이 있다. 분명 더운 날 가슴을 상쾌하게 하는 시원한 음료처럼 쭉 들이켜야 하는 본문이 있긴 하다. 하지만 오래 묵은 포도주처럼 조금씩 음미하면서 천천히 맛을 보아야 하는 본문도 있다. 그런 본문 중 하나는 바울의 가장 깊은 묵상이 담긴 한 서신의 첫 부분에 나온다. 그 본문에서는 인간의 고난과 하나님의 위로라는 주제가 우리의 주의를 사로잡는다.

찬송하리로다 그는 우리 주 예수 그리스도의 하나님이시요 자비의 아버지시요 모든 위로의 하나님이시며 우리의 모든 환난 중에서 우리를 위로하사 우리로 하여금 하나님께 받는 위로로써 모든 환난 중에 있는 자들을 능히 위로하게 하시는 이시로다 그리스도의 고난이 우리에게 넘친 것같이 우리가 받는 위로도 그리스도로 말미암아 넘치는도다(고후 1:3-5).

하나님은 **자비로우시다**(compassionate). 그 말은 라틴어에서 온 것으로 '어떤 사람과 함께 고난을 받음'이라는 기본 의미를 가지고 있으며, '친절', '고려' 혹은 '관용' 등의 확대된 의미를 가진다. 자비로우시다는 것은 고난을 받고 있는 어떤 사람 곁에 함께할 수 있다는 것, 그들의 고통과 고뇌를 함께 나눌 수 있다는 것이다. '공감한다'(sympathetic)라는 말 역시 상당히 비슷한 의미를 갖고 있으나, 그 말은 헬라어에서 나왔다. 그리스도는 우리에게 공감하는 대제사장이시다(히 4:15). 그분은 우리가 겪어야 하는 모든 것을 겪으셨다. 그것을 알면 우리는 그분께 자신 있게 다가갈 수 있을 것이다. 왜 그런가? 그는 우리의 곤경을 이해하기 때문이다. 실로 그분은 그것을 나누어 지고 우리와 강력한 공감대를 형성하셨다.

이런 생각은 우리에게 영적 통찰과 위로 이상을 준다.

그것은 우리가 고난을 경감시키기 위해 애쓰도록 자극한다. 왜 그런가? 세상의 고난은 하나님께 영향을 미치기 때문이다. 그것은 그분을 슬프시게 한다. 역사의 장들은 하나님의 눈물로 얼룩져 있다. 우리가 세상의 고난을 경감하면 그 고난을 공유하시는 하나님의 슬픔을 줄여 드릴 수가 있다. 우리의 고난은 그분의 고난이다. 그분의 고난은 우리의 고난이다. 아마도 십자가에 달리신 그리스도의 얼굴, 고통과 눈물이 가득 찬 그 얼굴에는 피조물이 썩어짐의 종노릇하는 데서 해방되기를 기다리시는 하나님께서 피조물이 탄식하고 고통당하는 모습을 보면서 느끼시는 마음이 드러난다(롬 8:20-22).

이 생각은 우리가 세상의 고통과 고난을 경감시키기 위해 일하도록 강력한 동기를 제공해 준다. 많은 그리스도인들은 많은 구호기관이 공공연한 세속주의를 표방하는 것을 불안해하며, 그 때문에 다른 사람들을 돕는 일에 미온적이다. 하지만 신학은 우리가 경청해야 할 통찰을 제공한다. 이 냉혹한 세상에서 다른 사람들이 받는 역경을 경감시키려 애쓰는 것은, 피조물이 고난 받는 것을 목도하는 하나님의 고통을 줄여 드리는 것이다. 하나님은 자기 백성과 함께 고난을 받으신다. 우리는 그들의 슬픔과 고난을 경감시킴으로써 하나님의 얼굴에 미소를 가져다드리고 있는 것이다. 나이 들고 약한 이웃의 필요를 돌보는 것이든, 세계적인 기근과 홍수를 막기 위해 기금을 내는 것이든, 슬프고 외로운 사람들과 시간을 들여 이야기하는 것이든 형태는 그리 중요하지 않다. 어느 일이든, 우리는 인간의 진정한 필요를 채우고 있으며, 우리가 사랑을 받은 것처럼 사랑하라는 명령을 성취하고 있고, 자신이 창조하고 사랑하는 자들과 더불어 고난을 받기로 하신 아버지 하나님의 마음을 기쁘시게 하고 있는 것이다.

그리고 하나님은 우리를 사랑하시기 때문에 고난 받을 때 우리를 위로하신다. 나는 종종 예수 그리스도의 죽음으로 완성되고 그 죽음에서 성취된 구약의 저 위대한 예언 본문 중 하나를 묵상한다. 그것은 고난 받는 하나님의 종에 대한 예언이다(사 52:13-53:12). 이 본문을 읽으면 그리스도의 생애 마지막 순간들을 생각하지 않을 수 없다. 그 부분 전체는 고난, 수치, 고통이 뒤덮고 있다.

그 본문은 높임이라는 주제로 시작하는 것처럼 보인다. "보라 내 종이 형통하리니 받들어 높이 들려서 지극히 존

귀하게 되리라"(52:13). 이것은 하나님의 종이 명성과 재산과 총애를 얻을 것임을 시사하는 것일지도 모른다. 하지만 곧 그 주제의 보다 어두운 측면이 분명히 드러난다. 그리스도는 정말로 높이 들리신다. 그분은 갈보리에서 십자가에 들리신다. 그래서 가장 공개적이고 고통스러운 형태의 처형을 당하면서 모든 사람이 그분을 멸시하게 하신다. 그리고 그분은 예언하신다. "내가 땅에서 들리면 모든 사람을 내게로 이끌겠노라"(요 12:32).

거부당하고, 욕을 듣고, 고난을 당하신다는 주제가 곧 부각된다. "그는 멸시를 받아 사람들에게 버림 받았으며 간고를 많이 겪었으며 질고를 아는 자라"(53:3). 고난 받는 종은 우리와 같은 인간의 상황을 공유하사 고통과 괴로움이라는 쓴 물을 깊이 들이마셨다. 그 본문은 대단히 신랄하다. 그것은 고난을 통해 파멸하는 연약한 젊은이의 생명을 간략하지만 대단히 효과적으로 묘사한다. 아마 그 모든 것이 무의미하다는 생각이 우리의 마음을 뚫고 지나갈 것이다.

그렇게 본문이 전개되리라고 거의 예상하면서 이 결백한 분이 당하는 고난의 목적을 묵상한다. "그는 실로 우리의 질고를 지고 우리의 슬픔을 당하였거늘 우리는 생각하기를 그는 징벌을 받아 하나님께 맞으며 고난을 당한다 하였노라 그가 찔림은 우리의 허물 때문이요 그가 상함은 우리의 죄악 때문이라 그가 징계를 받으므로 우리는 평화를 누리고 그가 채찍에 맞으므로 우리는 나음을 받았도다"(53:4-5).

첫 번째 진술은 놀라운 것이며, 우리를 갑자기 멈추게 만든다. 종이 고난 받는 이유는 그 자신의 죄 때문이 아니라 우리를 위한 것이다. 하지만 어떻게? 그리고 왜? 종은 악한 세상의 슬픔을 자기 어깨에 지고 있다. 제사장이 백성들의 죄를 속죄염소에게 지워서 광야로 내모는 것과 똑같은 경우다.

어떻게든 종은 우리의 슬픔과 비탄의 짐을 스스로 지셨다. 그것을 보는 사람들은 서둘러 잘못된 결론을 내린다. 그분은 하나님께 정죄를 받았다! 하지만 그 다음에 일어난 사건들은 그렇지 않다는 것을 분명하게 보여 준다. 어떤 식으로든, 정죄를 받은 것은 **우리**이며, 우리가 받을 벌을 대신 받으신 분은 고난 받는 종이시다. 우리의 고난이 그분에게 지워졌다. 하나님의 인자하심과 돌보심의 신비를 통해, 종은 다른 사람들이 의롭게 여김을 받도록 하기 위해 고난을 받을 준비가 되어 있다(53:11). 그분은 그들의 죄를 지시고 그들 옆에서 고난을 받으면서 자신이 죄인인양 취급되는 것으로 만족하셨다(53:12).

이 본문은 아마도 다른 어떤 본문보다 강력하게, 그리스도의 자비라는 개념을 나타낸다. 그분은 죄인들과 함께 고난을 받으시고 그들 중 하나로 여기심을 받을 준비가 되어 있다. 갈보리에 세 개의 십자가가 있었음을 기억하자. 그리스도가 십자가에 못 박혔을 때 그들은 그리스도 양쪽에서 사형수를 처형했다. 복음서 기자들 중 누가는 이 점이 지닌 완전한 의미에 주의를 집중시킨다. 예수님은 어떤 죄도 짓지 않은 결백한 분이셨다.

실로 그 두 범죄자 중 한 명은 예수님이 자신들과 함께 처형당하신다는 사실에 놀라서 다른 한 명을 쳐다보면서 이렇게 말했다. "우리는 우리가 행한 일에 상당한 보응을 받는 것이니 이에 당연하거니와 이 사람이 행한 것은 옳지 않은 것이 없느니라"(눅 23:41). 게다가 처형대의 담당 관리는 자기 눈앞에서 전개되는 사건들에 놀라서는 "이 사람은 정녕 의인이었도다"(눅 23:47)라고 단언했다.

하지만 예수님은 두 범죄자, 곧 세상 사람들이 보기에

죄인인 사람들 사이에서 죽임을 당했다. "거기서 예수를 십자가에 못 박고 두 행악자도 그렇게 하니 하나는 우편에, 하나는 좌편에 있더라"(눅 23:33). 그리스도가 죄인들과 함께 고난을 받으셨는데, 그분의 자비하심에 대해 더 이상 어떤 극적인 상징을 원할 수 있단 말인가? 또한 "기록된 바 그는 불법자의 동류로 여김을 받았다 한 말이 내게 이루어져야 하리니"(눅 22:37)라는 그리스도의 선포가 더 이상 어떻게 설득력 있게 성취될 수 있단 말인가? 그리스도는 고난 받고 마침내 죽임을 당한 사람들과 함께 있었다—**그리고 그렇게 되도록 예정되어 있었다.**

이것은 완전한 의미의 자비심이다. 여기에서 우리는 예수님이 죄인들과 함께 고난을 받는 것을 본다. 그분은 그들 가운데 하나로 여김을 받았으며, 그들과 같은 운명을 당하라는 판결을 받았다. 그리고 그분은 이렇게 동일화되는 것을 받아들이셨다. 그 결과를 모면해 보려고 하지는 않았다. 그분은 끝까지 우리와 동일화되사 이런 고난까지 우리와 함께 받으셨다.

하나님은 갈보리의 모진 십자가에 우리의 슬픔을 지우셨다. 그분은 우리의 슬픔을 익히 아시게 되셨다. 이것은 그저 하나님이 우리의 고난을 '아신다'는 막연한 웅얼거림이 아니다. 그것은 하나님이 우리의 고난에 함께하사 우리 실존의 보다 어두운 부분에 그분의 구속의 임재라는 향기를 주입시키셨다는 영광스러운 단언이다. 하나님은 먼 거리에서 이해하지도 못한 채 우리의 상황을 바라보시는 분이 아니다. 그분은 우리와 함께 고난을 받으셨고 우리를 이해하시는 분이시다.

우리는 '교감'(sympathy)과 '감정이입'(empathy)이라는 서로 관련된(하지만 서로 다른) 개념을 구분해야 한다. 교감은 다른 누군가와 동일한 경험을 겪었던 상황이다. 말하자면 당신은 그들과 함께 고난을 받은 것이다. 하지만 전문적인 상담에서는 감정이입이 최고로 중요하다. 위로가 필요한 누군가에게 도움이 되기 위해서는 당신 자신이 그들의 상황에 처한 것처럼 생각하도록 애쓰면서 "이런 경험을 겪었다면 분명 어떤 느낌이 들까?"라고 질문을 해야 한다. 예를 들어, 당신이 돕고자 하는 사람이 암으로 죽어 가고 있다고 생각해 보자. 하지만 당신은 아픈 곳 하나 없이 건강하다. 당신은 암으로 죽어 간다는 것이 어떤 느낌일지 알아내려 애쓰며, 그래서 당신의 선의의 보살핌을 받는 불운한 사람에게 약간의 도움이 될 말과 행동을 하려 애쓴다.

하지만 정말로 도움이 필요한 사람의 입장에 서 보도록 하자. 예를 들어, 당신의 어머니가 최근에 돌아가셨다. 그리고 당신은 그 결과 비통함을 느꼈다. 당신은 누군가에게 그것에 대해 말하고 싶다. 누가 더 가까이 하기 쉽고 도움이 되리라고 생각하는가? 어머니가 아직 살아 있지만, 당신의 상황에 맞게 생각하고 당신이 어떻게 느낄지 상상할 준비가 되어 있는 사람인가? 아니면 얼마 전에 어머니가 돌아가셔서 당신의 느낌을 직관적으로 공감하는 사람인가? 고난을 함께 나누고 공감하는 사람과 이야기하기 원하는 것은 기본적인 인간 본성이다. 그리고 그런 단순한 관찰은 중요한 신학적 결과를 가져온다.

그리스도는 인간 실존의 슬픔과 비통을 애써 이해하려 하시며 우리의 고난에 감정이입을 하시는 분이 아니다. 그분은 이미 아신다. 그분 자신이 그런 것들을 겪으셨다. 그분은 그런 것들을 직접 경험하셨다. 간단히 말해, 그분은 우리와 **교감을 나누신다.** 그리고 그것을 알면 그런 상황에서 그리스도께 더욱 깊이 있고 수준 높은 기도를 드리게 된다. 우리는 그분이 이미 우리의 필요를 아시며 우리보다 먼

저 그것을 경험하셨다는 것을 알고 자신 있게 그분께 기도할 수 있다. 시험 당하는 것 때문에 괴로워하고 있는가? 그리스도는 우리가 일찍이 겪을 만한 어떤 시험보다도 더 심한 시험을 겪으셨다. 그리스도는 "모든 일에 우리와 똑같이 시험을 받으신 이로되 죄는 없으시니라"(히 4:15). 고난과 고통을 당하여 괴로워하고 있는가? 그리스도가 십자가 처형의 고통을 당하셨음을 기억하라. 그분은 그것이 어떤 것인지 아신다.

이전에 잉글랜드 양모 무역의 중심지였던 이스트 앵글리아의 목자들에 대한 근사한 이야기를 들은 적이 있다. 목자가 죽으면 양털로 가득 채워진 관에 묻힌다. 이렇게 하는 진짜 이유는 아마도 중세의 경제 불황기 때 시장에 양모를 제공하기 위한 것이었다. 하지만 사람들은 이런 실제적인 설명이 흥미진진하거나 상상력을 자극하지 못한다고 생각했다. 그런 관습에 대한 또 다른 설명이 곧 발견되었는데, 그것은 완전히 물질적인 문제였을 만한 이야기에 약간의 신학을 끼워 넣은 것이었다.

새로운 설명은 다음과 같다. 심판 날이 올 때, 그리스도는 관에서 양털을 보시고는 이 사람이 목자였다는 것을 알아차리실 것이다. 그분 자신이 한때 목자였으므로, 그분은 이 사람이 어떤 압력에 처했는지 아실 것이다. 말을 안 듣고 제멋대로인 양을 돌보는 데 얼마나 많은 시간이 필요했을까. 그래서 그분은 왜 그가 교회에 그렇게 많이 오지 못했는지 이해하실 것이다! 이 이야기는 중요한 점을 알려 주고 있는데, 우리는 그것을 복음에 대한 가장 중요한 통찰 중 하나로 여겨야 한다. 그리스도는 동정심이 있는 분으로서 우리의 상황을 아신다. 고난은 그분에게 제2의 천성이다. 그래서 우리는 같은 상황에 처했을 때 그분으로부터 위로와 격려를 받을 수 있다. 동정심이 충만하신 하나님이 사망의 음침한 골짜기에서도 우리와 함께 계신다.

하지만 그 음침함을 어떻게 제거할 수 있는가? 이제 고난을 이기는 승리라는 주제에 대해 생각해 보도록 하자.

고난을 이기신
그리스도

"우리 주 예수 그리스도로 말미암아 우리에게 승리를 주시는 하나님께 감사하노니"(고전 15:57). 어떤 의미에서 그리스도의 십자가와 부활을 고난의 패배로 볼 수 있는가? 이 질문을 탐구하다 보면 고난의 문제를 전적으로 새로운 각도에서 보게 된다. 고난의 권세는 한편으로는 그 존재로 인한 것이며, 다른 한편으로는 그것이 주입시키는 두려움으로 인한 것이다. 고난은 온갖 이유 때문에 우리를 섬뜩하게 한다. 그것은 원래 고통스러운 경험이다. 하지만 그것은 또한 다른 것들을 암시하는 듯하다. 아마도 그것이 더욱 섬뜩할 것이다.

내가 어린 시절 겪은 경험 하나가 그 점을 설명해 줄 것이다. 어느 날 새벽, 자다가 깼는데 침실에서 이상한 소리가 들렸다. 마치 누군가가 내 방 창문을 두드리는 소리 같았다. 아직 어두웠다. 무서웠다. 그 소리는 노크소리와 할퀴는 소리가 섞인 것으로 나는 그게 누구든 제발 나를 좀 내버려 두고 사라져 주었으면 좋겠다고 생각하면서 이불 속에 푹 파묻혔다. 하지만 그 소리는 계속되었다. 마침내 아침이 왔다. 나는 용기를 내어 이불을 살짝 들고 무슨 일이 일어나고 있는지 보았다.

그것은 밤사이 불었던 바람에 부러진 나뭇가지였다. 그것이 창문을 할퀴고, 긁고, 두드렸던 것이다. 나는 그것을 몹시 무서워했던 내가 바보처럼 느껴졌다. 하지만 나의 반응은 납득할 만한 것이었다. 나는 이해할 수 없는 어떤 소리를 들었다. 나는 그것을 내가 옳다고 생각하는 방식으로, 그리고 나를 대단히 놀라게 한 방식으로 해석했다. 아침이 왔을 때 그 소리는 여전히 남아 있었다. 하지만 나는 그것이 염려해야 할 것이 아님을 알 수 있었다. 그 소리에 대한 나의 해석은 부정확한 것으로 판명되었다. 내가 이불 속에 들어가 숨은 것은 소리 자체가 아니라 미지의 것에 대한 두려움, 뭔가 불길한 것에 의해 그런 소리가 났을 것이라는 염려 때문이었다.

고난도 그와 마찬가지다. 그것은 육체적 경험으로서 그저 이상한 소리가 들리는 것보다는 훨씬 더 고통스럽고 견디기 어려운 것이다. 하지만 많은 사람들이 섬뜩해하는 이유는 고난이 **암시할** 수도 있는 것 때문이다. 고난은 무의미함을 암시할 수 있다. 그것은 죄 및 하나님으로부터의 분리를 암시할 수도 있다. 욥을 위로했던 친구들은 이 점을 너무나 잘 알고 있었다. 그것은 하나님이 자신의 세상에 대해 어떤 일도 할 능력이 없다는 것, 혹은 자신의 피조물에 대해 신경 쓰지 않는다는 것을 암시할 수도 있다. 이런 것들이 고난이 지닌 섬뜩할 만한 함축 중 일부이다. 고난은 이처럼 이중적 날카로움을 지니고 있다. 고난이 주는 고통과 비탄은 그 고난이 암시할 수도 있는 것 때문에 도저히 참을 수 없는 것이 되어 버린다.

그리스도의 죽으심과 부활은 고난의 가시를 뽑아 낸다. 그것은 고난이 무의미한 것이 아니라고 선포한다. 하나님이 그리스도의 고난을 통해 세상의 구원을 이루셨다. 그러나 고난은 언제나 죄 때문에 발생하거나 하나님과 우리를 분리시키지는 않는다. 죄 없는 그리스도의 고난, 그리고 그분의 영광스러운 부활은 이 점을 더 이상 바랄 수 없을 만큼 강력하게 말한다. 믿음을 통해 우리는 "그의 고난에 참여함"(빌 3:10)으로 그리스도와 하나가 된다. 고난은 이 세상이 하나님의 권능이나 사랑이 미치지 못하는 곳임을 의미하지 않는다. 오히려 전능하신 하나님이 겸손하게 우리를 위해 고난을 받으사 우리를 향하신 그분의 사랑을 충만히 보여 주고 있다.

아침이 되어 내가 창문에서 나는 소리를 더 이상 걱정하지 않게 되었던 것처럼, 그리스도의 부활을 통해 새로운 세상의 새벽이 오면 고난의 불길한 함축들에 대한 우리의 염려는 가라앉는다. 고난은 우리가 사는 세상 속에서 여전히 고통스럽고도 영향력 있는 존재다. 하지만 고난의 가시는 사라졌다. 이제는 고난을 새로운 관점에서 보게 된다. 알지 못하는 요소와 불길한 요소는 없어졌다. 우리는 고난이 한때 우리가 생각했던 능력을 소유하지 않음을 알고 안심하게 된다. 고난은 더 이상 허세를 부리지 못한다. 고난의 존재가 사라진 것은 아니지만 그 권세는 패배했다.

고난은 패배했다. 폐지되었다는 의미가 아니라 완전히

뒤집어졌다는 의미다. 고난, 그리고 그 동맹군인 죽음은 우리와 하나님과의 고리를 끊고, 우리에게 생명을 부여하는 그분과의 교제를 단절시킴으로 우리를 하나님께로부터 떼어 놓으려 애쓴다. 하지만 십자가를 통해 고난은 수치를 당했다. 그리스도의 고난은 우리가 하나님과 연합하는 근거임이 입증되었다. 아무도 깨뜨릴 수 없는 교감의 연합이다. 고난은 한때 우리의 원수, 우리를 하나님과 분리시키는 것으로 여겨졌다. 그러나 이제 고난은 우리를 하나님께 더 가까이 가도록 인도한다.

게다가, 우리는 그리스도의 부활에 근거하고 성령의 인치심을 받은 확실하고 분명한 소망, 곧 언젠가는 우리가 고난의 **존재**로부터 해방될 것이라는 소망 안에서 기뻐할 수 있다. 그 소망은 역경의 때에도 계속 전진할 수 있도록(그리고 우리가 계속 **성장**할 수 있도록!) 한다. 이 중요한 점을 살펴볼 때 한 가지 비유가 도움이 될 것이다.

인간의 역사로 보나 그리스도인의 경험으로 보나, 그리스도인이라 해도 삶 가운데서 고난이나 고통과 끊임없이 투쟁하고 있다. 그래서 '믿음의 승리'에 관한 이야기가 빈 말에 불과한 것이 될지도 모르는 위험이 도사리는 것처럼 보인다. 단지 그것이 믿음과 경험 간의 충돌일 뿐 그 이상은 아니라는 것이다. 이 문제를 어떻게 처리할 것인가?

이 어려움에 대한 가장 좋은 해결책은 제2차 세계대전에서 볼 수 있다. 역사상 이 시기에 대한 기억은 해가 거듭될수록 점차 희미해지지만, 당시의 분위기는 수많은 영화와 소설을 통해 재현되어 왔다. 그 결과, 이 시기를 겪지 않았던 사람들도 그때의 긴장과 소망을 체험할 수 있으며, 이 시기에 무슨 일이 일어나고 있었는지 이해할 수 있다.

그리스도의 죽음으로 얻은 죄에 대한 승리는 이 전쟁이 끝날 무렵 피점령국(프랑스나 노르웨이)이 나치의 통치에서 해방되는 것과도 같았다. 이 비유가 지닌 위력을 제대로 인식하려면, 제2차 세계대전 때 독일에게 점령당한 유럽 사람들이 어떤 심정이었을지 한번 상상해 볼 필요가 있다. 우리는 상상력을 동원하여 점령군의 권세라는 불길하고도 위협적인 개념을 생각해 보아야 한다. 그들은 이 외세의 그늘에서 삶을 이어 가야 했다. 그리고 이 상황이 처절한 이유는 그것이 겉보기에 완전히 절망적이기 때문이다. 사람들은 자신들이 할 수 있는 것이 아무것도 없다고 생각했다.

이제 충격적인 소식을 상상해 보자. 아득히 먼 곳에서 전투가 있었다. 어떤 사람들은 그것을 디데이라고 불렀다. 그리고 전세가 역전되고 있었다. 전쟁의 새로운 국면이 열렸고, 점령군은 혼란에 빠졌다. 후방이 무너졌다. 나치는 곧 그들이 점령했던 유럽 구석구석에서 쫓겨날 것이다.

하지만 나치는 여전히 피점령국에 존재하고 있다. 어떤 의미에서 상황은 바뀌지 않았다. 하지만 더 중요한 의미에선, 상황이 완전히 변했다. 승리와 해방의 기운이 감돈다. 그 결과 심리적 분위기가 완전히 변화되었다.

싱가포르 창지의 일본인 전범 수용소에 포로로 갇혀 있던 사람을 만났던 적이 있다. 그는 1945년 중반에 단파 라디오를 갖고 있었던 한 죄수가 일본의 전세가 무너졌다는 사실을 알게 되었을 때, 수용소의 분위기가 놀랄 정도로 변했다고 말했다. 수용소에 있는 모든 사람은 여전히 죄수였지만, 적군이 패배했다는 것을 알았다. 석방은 시간문제였다. 그들은 아직 자유를 얻으려면 멀었는데도 마치 자신들이 석방**된 양** 웃고 외치기 시작했다고 그는 말했다.

그 죄수들이 창지 수용소 안에 여전히 감금되어 있었던 것처럼, 우리는 고난이 있는 세상에 여전히 포로가 되어 있다. 하지만 해방되리라는 소망은 눈앞에 있다. 감금생활에

서 벗어나리라는 약속이 전해졌으며, 그리스도의 죽음과
부활은 그 약속을 믿을 만한 것으로 만들어 주었다. 우리는
기다린다—하지만 소망 가운데 기다리는 것이다.

고난을 이긴 그리스도의 승리에는 또 다른 측면이 있다.
그리스도가 죽으심으로 날마다 순간마다 승리할 수 있게
되었다. 고난을 받을 때마다 고난에 대한 작은 승리를 주장
할 기회가 주어진다. 어떻게 그런가? 고난을 받아도 그것
이 우리에게 위협이 되지 않고, 하나님에 대한 우리의 신뢰
가 깨어지지 않기 때문이다. 하지만 그 이상의 것이 있다.
우리는 하나님이 그 고난을 통해 우리에게 말씀하시도록
할 수 있다. 그분이 우리를 변화시키시도록, 그리고 우리가
하나님 및 다른 사람들과 새롭게 깊은 관계를 맺게 하시도
록 할 수 있다. 어떻게 그런가? 하나님이 어떻게 고난을 사
용하시는지 생각해 보도록 하자.

우리는
고난을 먹고 자란다

고난이 우리 삶에 미치는 긍정적인 역할은 무엇인가? 논리적인 혹은 철학적인 의미에서 고난의 **실제**는 중립적이다. 중요한 것은 우리가 그것을 가지고 무엇을 하는가에 있다. 우리가 그것을 어떻게 **이해하며**, 그것이 우리에게 어떤 **영향을 미치**는가? 여기에서 신학이 도움이 된다. 그것은 고난을 긍정적인 각도에서 바라보게 해 준다. 고난을 무의미한 것이 아니라 성숙의 수단으로 바라보는 것이다. 고난은 무의미하고 무가치한 것이 **될 수도 있다**—우리가 그렇게 되게 한다면 말이다.

하지만 같은 고난을 매우 다른 방식으로 다룰 수도 있

다. 우리는 하나님이 그 고난을 사용하실 수 있다는 사실을 확고히 믿으면서, 그것을 하나님께 맡길 수 있다. 우리는 하나님이 우리의 고난과 비통함을 사용하사 우리에게 새로운 깊이의 믿음과 봉사를 하도록 인도할 수 있으며 그렇게 하실 것이라고 확신하고 그것을 하나님께 내어놓는 법을 배워야 한다.

우리는 이미 보았다. 하나님께서 처음에는 분명하게 보이지 않는 방식으로 어떻게 고난을 통해 놀랍게 역사하시는지 말이다. 여기서 그리스도의 십자가가 본이 되는데, 그것은 하나님께서 비참하고 무의미한 고통의 이야기를 취하셔서 그것을 통해 좋은 것을 주시는 과정을 어리석은 인간에게 일깨운다.

우리는 그저 고난이 밀려와 우리를 덮치도록 내버려 두고 고난을 참아 낼 것인가? 우리는 이런 중대한 경험이 우리를 어떤 식으로든 변화시키지 않을 것이라 여길 것인가? 우리는 하나님이 이 경험을 통해 우리에게 말씀하실 기회를 부인할 것인가? 아니면 그 안에 있는 유익하고 도움이 될 만한 것을 분별할 것인가?

고난 속에서 어떤 의미도 보지 않기로 결심한 사람은 그 경험에서 어떤 것도 배우지 못할 것이다. 하지만 하나님이 고난을 사용하실 수 있다고, 그 안에서 그것을 통해 말씀하실 수 있다고 믿는 사람은 이 고통 가운데 하나님의 손이 역사하시는 것을 보게 될 것이다. 그리스도인에게 하나님은 성공을 통해 역사하시는 만큼이나 실패를 통해 역사하시며, 기쁨을 통해 역사하시는 만큼이나 고난을 통해 역사하신다.

앞장에서 우리는 고난이 어떻게 기독교 신앙을 갖지 않은 사람들 사이에 널리 퍼져 있는 안전과 불멸이라는 망상을 벗겨 버리는지 보았다. 그것은 복음에 매우 강력한 장애물로 작용할 수 있는, 확신이라는 겉치장을 벗겨 버린다. 목사인 나는 고난 때문에 기독교 신앙을 갖게 되는 경우를 종종 본다. 배우자의 장례식이 영적 여정의 전환점이 되는 수가 있다. 복잡한 퍼즐 조각들이 갑자기 제자리에 들어맞게 되는 것이다. 하지만 기독교 신앙을 갖지 않은 사람들만 고난에 의해 인생관이 변화되는 것은 아니다. 누구보다 신자들이 고난의 경험을 통해 성장해야 한다. 그렇다면 그리스도인은 하나님께서 고난을 어떻게 긍정적인 결과로 이끄시는지 배울 수 있는가? 어떻게 우리는 고통을 통해 자랄 수 있는가?

　뒤에서 나는 몇 가지 성경적 이미지를 살펴볼 것이다. 각 이미지들은 고난이 그리스도인의 삶에서 차지할 수 있는 긍정적인 역할을 이해하는 데 많은 도움이 된다.

　고난이 어떤 역할을 하는지는 신자에게 달려 있다는 것을 다시 한 번 강조해야겠다. 고난은 믿음을 갈고 닦는 계기가 될 수 있다. 하나님이 그렇게 하시도록 우리가 허용할 준비가 되어 있다면 말이다. 하지만 반드시 그렇게 되는 것은 아니다. 하나님께 마음을 열자. 그분이 당신에게 일어나고 있는 일을 사용하사 그것을 새로운 방향으로 돌리시도록 하자. 하나님이 당신의 경험을 통해 당신에게 주시는 말씀에 귀를 기울이자. 당신이 겪고 있는 일들에 대해 긍정적으로, 창의적으로, 기도하는 마음으로 생각하는 법을 배우자.

1. 믿음의 정련

　구약은 종종 고통이나 고난을 믿음의 정련이라는 관점에서 말한다. 그런 이미지는 매우 설득력이 있다. 은이나

금과 같은 귀금속에는 천연 상태일 때는 상당량의 불순물이 포함되어 있다. 정련자가 할 일은 그 금속을 정련하여 불순물을 제거함으로 훨씬 더 귀한 것으로 만드는 것이다. 이것은 금속에 고열을 쬐는 것으로, 이를테면 뜨겁게 가열된 석탄 판에 통과시키는 것이다. 고난은 정련자의 불과 같이 믿음에서 불순물을 제거하는 역할을 한다(예를 들어, 사 1:25, 48:10).

그리스도인의 삶에서 고난이 차지하는 역할에 대해 이런 식으로 생각하는 것은 매우 훌륭한 것이다. 예를 들어, 금과 같은 귀금속만이 제련할 가치가 있다. 믿음이 고난에 의해 정련된다면, 그것이 얼마나 귀중한 것일지 생각해 보자(벧전 1:6-7). 그리고 일단 불순물이 제거되고 나면 그 귀금속이 얼마나 더 가치가 높아질지 생각해 보라.

고난은 모든 세속적인 버팀목이라는 불순물을 제거한다. 그것은 우리가 어리석게도 우리의 믿음을 위해 만들어 낸 것이다. 우리는 종종 이런 버팀목들이 하나님을 대신하도록 한다. 그러나 고난은 우리의 마음을 빼앗고 우리가 우리 힘으로 하나님과 대면하게 한다. 그것은 우리의 확신을 벗겨 버리고, 우리가 하나님과 직접 마주하게 한다. 우리는 믿음의 모든 버팀목들을 벗겨 내고 하나님을 신뢰하는 법, 그리고 그분만 의지하는 법을 배운다.

너무나 자주 우리의 신앙은 신뢰할 수 없는 토대에 근거하고 있다. 그것은 이를테면 만족스러운 인간관계, 안정된 직장, 든든한 은행 구좌, 육체적 건강 같은 것들이다. 이런 것들은 너무나 쉽게 하나님을 대신한다. "너희의 마음이 있는 곳에 또한 너희의 하나님이 계시다"(루터). 고난이나 역경은 그런 것을 제거해 버리고, 우리가 하나님을 완전히 다시 발견하지 않으면 안 되게 한다. 그것은 우리가 하나님 대신 신뢰했던 것을 제거함으로 우리를 다시 그분에게로 데리고 간다.

고난은 믿음의 삶에 대해 바로 이러한 점을 가르쳐 줄 것이다. 당신의 믿음과 소망이 하나님 **아닌** 것, 이를테면 물질적 소유 같은 것에 얼마나 의지하게 되었는지 일깨우고, 그런 상황을 바로잡을 기회를 제공할 것이다.

2. 믿음의 징계

앞에서 우리는 하나님의 사랑의 본질에 대해 어느 정도

살펴보았다. 그 사랑은 우리의 타락한 욕구와 단기적인 목표만 만족시켜 주는, 피상적이거나 방치하는 것이 아니다. 하나님의 사랑은 궁극적으로 우리의 주된 목표를 성취하도록 돕고자 우리를 변화시키는 것으로, 주된 목표란 "하나님을 영화롭게 하고 영원히 그분을 즐거워하는 것"_(웨스트민스터 소요리문답)이다.

하나님의 사랑이 우리를 변화시키고, 우리를 더 나은 모습으로 만들어 주는 데 관심이 있다면, 이미 그렇게 할 수 있는 수단이 있음이 분명하다. 그런 수단 중 하나는 징계이다. 징계는 우리가 이미 하나님을 굳게 잡고 또 더욱 많은 것을 얻을 수 있도록 해 준다. 우리는 은혜로 하나님의 자녀가 되었기 때문에 그분에게 징계를 받는다_(히 12:6, 잠 3:11-12).

예수 그리스도는 고난으로 순종함을 배운_(히 5:8) 하나님의 아들이었다. 그리고 하나님의 자녀인 우리도 믿음으로 그리스도가 얻으시고 이루신 모든 것을 공유한다. 그분이 고난 받으신 것처럼 우리도 고난 받을 것이다. 그분이 영광을 받으신 것처럼 우리도 영광을 받을 것이다. 그리고 그분이 고난을 통해 순종을 배운 것처럼 우리도 마찬가지로 순종을 배워야 한다. 그것은 하나님의 자녀가 됨과 동시에 받게 되는 특권이다.

그런데 징계(discipline)란 단어는 너무나 쉽게 오해받는 단어이다. 그 말은 아이들을 학대하는 학교 선생이나, 빅토리아 시대 기숙사 학교의 잔인하고 냉혹한 분위기에서 행해지는 말도 안 되는 처벌이라는 이미지를 지니는 경우가 너무 많다(이런 이미지는 찰스 디킨스 등이 너무나 설득력 있고 치욕스럽게 묘사한 것이다). 하지만 이런 이미지들은 성경 용어와 관련된 것이 아니다. 우리는 이 문제에 대한 성경적 관점이 무엇인지 자세히 살펴볼 필요가 있다.

적절한 성경적 맥락에서 본다면, 징계는 믿음의 경주를 훈련하는 것에 다름 아니다(그리고 그 이하도 아니다). 그리스도가 고난을 통해 온전하게 되신 것처럼(히 5:8-9), 믿음으로 그분에게 연합된 우리 역시 그분의 고난에 참여해야 한다. 믿음을 통해 그리스도와 연합하는 것은 우리가 손쉽게 받아들일 수 있는 측면들만 받아들이는 것이 아니라, 그리스도를 총체적으로 받아들이는 것을 포함한다! 성령의 역사를 통해 그리스도를 닮아 가고 있는 사람들에게 고난은 선택이 아니라 필수이다.

하지만 왜 우리는 훈련을 받아야 하는가? 여러 가지 이유를 들 수 있을 것이다. 첫째, 그리스도인의 삶은 종종 전투에 비유된다. 그것은 죄와 시험, 약함, 절망, 혼란, 의심 등과의 싸움이다. 이 전투에서 하나님이 우리 편이라는 것, 우리가 하나님의 은혜로 잘 무장되어 있다는 것(엡 6:10-17), 그리고 우리가 그리스도를 통해 이미 획득한 승리에 궁극적으로 참여할 수 있다는 것을 알면 도움이 된다. 하지만 싸움은 계속된다. 압도당하지 않으려면, 징계(discipline)를 받는 법을 배워야 한다. 제대로 훈련받지(discipline) 못한 오합지졸 군대는 죽기 살기로 덤비는 적수에 대항해서 제대로 싸울 수 없을 것이다.

하나님은 이미 우리가 이 전투에서 살아남고, 심지어 성공할 수 있도록 많은 것을 주셨다. 하지만 우리에게 주어진 자원들은 우리의 개인적 헌신 및 열심과 반드시 조화를 이루어야 한다. 징계는 어려운 상황에 대처하는 고도의 능력으로, 훈련을 통해 그리고 앞에 놓여 있는 어려움에 노출됨으로써 얻는다. 고난과 고통은 우리의 방어망을 견고히 하고, 우리가 다시 불신 속에 방황하게 하려고 포진해 있는 모든 세력들에 대항해서 싸우려는 결의를 굳게 한다.

3. 식물의 가지치기

그리스도인이 그리스도와 맺고 있는 관계를 나타내는 이미지 중 하나는 포도나무의 이미지다(요 15:1-11). 그리스도인은 포도나무의 가지와도 같다. 그 이미지는 많은 측면을 가지고 있다.

예를 들어, 우리는 가지가 포도 줄기에 단단히 달라붙어 있지 않으면, 시들고 죽어서 더 이상 열매를 맺지 못하게 되리라는 것을 배운다(15:4-6). 포도나무가 자라고 열매를 맺으려면 가지를 통해 생명수액을 빨아올려야 한다. 그래서 그리스도인은 은혜 안에서 자라고 삶에서 열매를 맺으려면 그리스도에게 가까이 있으면서 그분의 임재 안에 자리 잡고 '그리스도 안에 거해야'(abide in Christ) 한다. 가지가 포도나무에서 떨어지면 시들고 말라서 죽은 나무 조각같이 되어 내다 버릴 수밖에 없다. 영양분을 제공하고 유지시켜 주는 그리스도의 임재에서 떠나 헤매는 그리스도인들은 믿음이 시들어 버리고 그들의 고유한 특성을 잃어버리게 되고 말 것이다.

포도나무를 키우는 사람은 그런 가지들이 얼마나 쓸모

없는 것인지 안다. 열매를 맺지 못하는 가지라면 즉시 제거할 것이다. 그것은 아무런 유용한 역할도 하지 못한다. 하지만 정말로 흥미로운 것은 열매를 맺는 가지에 일어나는 일이다. 포도나무를 키우는 사람은 그 가지들을 그냥 놓아두는가? 그렇지 않다. 더 많은 열매를 맺을 수 있도록 가지를 쳐낸다. 가지치기는 가지의 잠재력에 대한 찬사이다. 그것은 그 가지가 이미 많은 열매를 맺고 있음을 인정하고, 장차 열매를 맺을 수 있는 훨씬 더 큰 능력이 있음을 인정하는 것이다. 가지치기는 그저 총애의 표시일 뿐만이 아니다. 포도나무 주인의 기대와 바람을 나타내는 표시다.

고난은 가지치기다. 그것은 아무런 실속도 없이 겉만 번지르르한 가지를 잘라 내거나, 더 크면 포도나무를 약하게 만들 싹을 막아 버리는 것이다. 가지치기는 가지에 상처를 준다. 장미나 과일나무나 포도나무를 가지치기할 때 가지에 나는 상처들을 볼 수 있다. 하지만 당신의 가지치기는 순진무구하고 의심 없이 믿는 식물에게 가하는 독단적이고 무의미하며 악의적인 고난이 아니다! 그것은 식물에게 최소한의 손상을 가하면서 동시에 그 잠재 가능성을 최대한 향상시키기 위한 행동이다.

고난을 받는 사람들은 가장 효과적으로 진리를 증거하며, 그래서 그리스도인으로서의 삶을 통해 가장 많은 열매를 맺은 사람일 것이다. 당신의 고난이 가지치기라면, 그것을 하나님의 은총의 표시로 보라. 아마도 당신은 성장하고 많은 열매를 맺을 준비가 되고 있을 것이다.

4. 믿음의 겸손

겸손은 그리스도인의 중심 덕목이다. 그 말은 '땅'을 의미하는 '후무스'라는 라틴어에서 나왔다. 겸손하게 되는 것은 땅으로 내려가는 것, 우리의 비천한 기원을 상기하는 것이다. 이 말 역시 많은 오해를 받는 단어이다. 예를 들어, 어떤 그리스도인들은 겸손이 하나님이 주신 재능이나 은사가 전혀 없는 척 행동한다는 의미라고 생각한다! 그래서 계속 이런 척하다 보니 결국은 하나님이 자신에게 어떤 은사도 주신 적이 없다고 선포하는 셈이 되고 만다. 그 결과 하나님이 자신에 주신 은사들, 곧 하나님의 교회를 세우는 데 사용되어야 할 은사들을 인식하지 못하게 된다.

겸손은 우리가 가지고 있는 모든 것, 그리고 우리 존재의 모든 것이 하나님으로부터 온 선물임을 인정하는 것이다. 우리의 은사·재능·업적은 우리의 소유물이 아니다. 우리가 아무 도움 없이 성취한 것도 아니다. 오히려 그것은 하나님이 주신 자비로운 선물이다. 우리의 당연한 공적이나 공로의 표현이 아니라 하나님의 관대하심의 표현인 것이다. 겸손은 우리에게 은사나 재능이 있음을 부인하지 않는다. 다만 우리가 가지고 있는 모든 것과 우리 존재의 모든 것이 우리가 노력해서 이룬 것일 뿐만 아니라 하나님의 은혜의 결과임을 거드름 떨지 않고 기꺼이 인정한다.

그리스도인의 삶을 사는 데 필요한 모든 자원이 하나님으로부터 왔다고 인정함으로써, 우리는 그리스도인의 삶에서 일어나는 두 가지 최악의 함정을 피할 수 있다. 첫 번째 함정은 우리가 영적인 생존과 복지를 전적으로 하나님께 의존한다는 것을 인식하지 못하는 것이다. 우리는 스스로 헤쳐 나갈 수 있다는 매혹적인 환상에 굴복하기 시작한다. 그렇게 함으로써 하나님이 공급하시는 생명선에서 스스로 끊어져 나간다. 스스로 우리 자신을 돌볼 수 있다고 생각하기에, 도움을 받기 위해 굳이 다른 누군가를 찾지 않는다.

두 번째 함정은 영적으로 교만해지는 것이다. 우리는 매사 **우리의** 업적, **우리의** 은사, **우리의** 재능을 중심으로 생각하기 시작한다. 우리는 그것이 하나님의 선물이며, 우리가 그것의 주인이 아니라 청지기라는 사실을 잊어버린다. 우리가 할 일은 그것을 주인에게 돌려주기 전에 가능한 한 가장 잘 사용하는 것이다(마 25:14-30에 나오는 달란트 비유는 이 점을 탁월하게 보여 준다).

고난은 우리를 겸손하게 한다. 그것은 우리가 자신의 상황을 완전히 주관할 수 없다는 사실을 상기시켜 준다. 이것은 스위스의 종교개혁자 울리히 츠빙글리(Ulrich Zwingli)의 삶에서 잘 볼 수 있다. 츠빙글리는 그 도시에 전염병이 창궐했던 1519년 당시 취리히의 목사였다. 츠빙글리는 정기적으로 병자들을 심방했으며, 곧 그도 병에 전염되었다. 그는 병상에 누워서 자신의 생사는 완전히 자신의 통제권 밖이라는 것을 깨달았다. 그는 자신을 회복시킬 수 없었다. 그는 무력했다. 그의 기도는 이것이었다. "당신의 뜻대로 하옵소서." 결국 그는 회복되었다.

그 후 츠빙글리의 영성에서는 겸손이라는 주제가 중심이 되었다. 우리를 위해 일을 이루시며 언제나 더 이루고자 하시는 분은 하나님이시다. 츠빙글리는 자신의 고난과 그

것으로 인한 모든 염려와 불확실성을 통해 자신의 안전을 위해서는 하나님을 바라보아야 한다는 사실을 배웠다.

고난은 종종 우리가 질병과 죽음에 직면하여 얼마나 무력하고 무능한지 절실히 깨닫게 해 준다. 내 동료 교수 한 분이 매우 늙고 병들어 임종을 눈앞에 두고 있었다. 나는 그분을 만나러 잠깐 들렀다. 그는 자신의 병에 대해 그리고 그것을 통해 어떤 궁극적인 결과가 생길지 이야기하는 것을 상당히 즐거워했다. 나는 그의 용기에 엄청난 감동을 받았고 내가 그런 입장이 되면 과연 그런 태도를 취할 수 있을까, 하는 생각이 들었다. 하지만 가장 분명하게 기억나는 것은 그를 쇠약하게 하는 질병 때문에 그가 은혜를 새롭게 이해하게 되었다는 것이다.

"나는 이제 스스로 아무것도 할 수 없습니다. 다른 사람들의 친절에 전적으로 의지해야 하지요." 그는 잠시 멈추었다. "하나님의 은혜는 이전 어느 때보다 지금 내게 훨씬 더 큰 의미를 지니게 되었습니다. 그건 마치 누군가가 나 같은 무력한 늙은이를 도와주는 것과도 같지요." 그가 철저히 무력하게 되었을 때, 은혜라는 개념이 새로운 실상과 의미를 지니게 되었다. 그 개념은 그에게 새롭게 다가왔다. '은혜'는 더 이상 하나의 단어가 아니었다. 그것은 그의 실존을 좌우하는 것이었다. 질병으로 곤경에 처한 그의 깨달음은 복음의 어휘 중 가장 잘 알려진 단어인 은혜라는 말에 새로운 깊이를 불어넣었다.

5. 고난은 증거할 기회를 제공한다

인간 고난의 어두운 측면은 기독교의 소망의 빛이 비칠 수 있는 창문을 제공한다. 믿음은 우리의 전체적인 인생관에 영향을 미친다. 거기에는 우리가 고통 및 고난에 대처하는 방식도 포함된다. 고난은 공개 행사인 경우가 많다. 다른 사람들은 우리가 역경과 질병과 고난과 죽음에 대응하는 방식에 주목한다.

나는 영국 동부 내륙의 노팅햄에서 목사로 일했었다. 나의 임무 중 일부는 장례식을 집전하는 것이었다. 그 결과 나는 그 도시의 여러 장례식장 직원을 대부분 알게 되었다. 그들은 종종 자기들의 일에 대해 이야기했다. 그들이 가장 어렵게 생각하는 것은 죽은 사람의 유가족의 집을 처음으로 방문하는 일이었다. 그것은 때로는 정신적으로 괴로운 경험이었으며, 때로는 그렇지 않았다. "보통 그들이 종교를 가지고 있는지 그렇지 않은지 상당히 빨리 알 수 있답니다." 한 명이 말했다(다른 사람들도 대체로 동의했다). "종교를 가진 사람들은 다른 사람들이라면 발작을 일으켰을 만한 상황에서도 매우 침착하고 평온한 것처럼 보였습니다."

바울의 가장 훌륭한 글 중 일부는 로마에서 그가 일종의 감금 상태에 있을 때—아마도 감옥에서 모종의 보호 감호 상태에 있을 때—쓰인 것이다. 바울은 복음을 신실하게 전한 일로 죄인과 같이 매이는 데까지 고난을 받았다(딤후 2:9). 로마가 복음만은 가두고 투옥할 수 없었다는 사실이 위로가 되긴 하지만, 바울이 이로 인해 괴로움을 당했음은 분명하다.

그는 괴로워하기는 했으나, 그의 고난은 주위 사람들에게 복음을 증거할 수 있는 새로운 기회를 제공해 주었다. "내가 당한 일이 도리어 복음 전파에 진전이 된 줄을 너희가 알기를 원하노라"(빌 1:12). 그가 그리스도에 대한 믿음 때문에 투옥 당했다는 사실은 누구나 알고 있었다. 그래서 그는 그리스도를 전파할 수 있는 새로운 기회를 잡게 되었다. 요점은 간단하다. 어떤 상황에 처하든 간에 우리는 그리스도 안에 있는 하나님의 사랑을 증거할 수 있다는 것이다. 고난은 하나님에 대한 우리의 믿음과 신뢰를 단언하지 못하게 막지 않는다. 실로, 그것은 우리가 그렇게 단언할 수 있도록 새로운 길을 열어 줄 수도 있다. 교회는 언제나 신자들이 사는 것과 마찬가지로 죽는 것 역시 세상에 그들의 믿음을 선포할 기회를 제공한다는 것을 인식해 왔다. 북아프리카의 기독교 신학자인 테르툴리아누스는 3세기 초에 "순교자들의 피가 교회의 씨"라고 썼다.

우리는 그리스도인의 삶의 맥락에서 고난을 이해할 수 있는 다섯 가지 방법을 살펴보았다. 고난은 그리스도인에게 귀중하고도 생산적인 삶의 일부로서, 그리스도인의 성숙과 온전한 제자도에 이르도록 돕는다. 하지만 고난이 그리스도인을 성숙시키는 잠재력을 가지고 있음을 깨닫기 전에, 먼저 그것을 올바른 관점에서 보아야 한다.

고난에 참여하는 특권

그리스도인이 되는 것은 그리스도**와 함께** 그리고 그리스도**를 위해** 고난을 받는 것이다. 바울은 이러한 믿음의 측면에 대해 강력하게 말했다.

모든 것을 해로 여김은 내 주 그리스도 예수를 아는 지식이 가장 고상하기 때문이라 내가 그를 위하여 모든 것을 잃어버리고 내가 그리스도와 그 부활의 권능과 그 고난에 참여함을 알고자 하여 그의 죽으심을 본받아(빌 3:8-10).

그의 말을 읽고 **음미하고**, 그것이 조명해 주는 그리스도인의 삶 가운데 차지하는 고난의 위치를 마음속으로 곰곰이 생각해 보자. 그리스도인의 삶은 곧 '그리스도의 모양을 한'(Christomorphic) 것이라는 말은 바울의 주장을 많은 부분 요약해 준다. 이것은 신학자들이 사용하는 많은 어휘들과 마찬가지로 뭔가 어색한 용어이다. 하지만 그 단어는 외적으로는 흉해 보이지만 내적인 감미로움을 감추고 있다. 그것은 믿음이 "우리를 그리스도의 형태로 모양 짓는다"는 개념을 표현하기 때문이다. 믿음을 통해 하나님은 우리를 깨뜨리시고 고치셔서 자기 아들의 모양대로 만드신다. 그리스도의 삶의 유형이 우리의 삶에서 분명하게 나타나기 시작한다. 우리가 언젠가 그분의 부활의 영광에도 참여하리라고 조용히 확신하면서 그분의 동정과 보살핌을 표현하면서 살기 시작할 때 그렇게 된다는 것이다.

하지만 여기에는 더 어두운 측면도 있다. 그리스도의 모양으로 만들어진 우리는 그분의 영광에 참여하기 전에 그분의 고난에도 참여할 것을 반드시 예상해야 한다. 고난과 고통은 전혀 의미가 없고 무가치한 것처럼 보일 수도 있다. 하지만 그렇다면 십자가에서 죽으신 그리스도의 죽음도 마찬가지다. 복음의 가장 멋진 통찰 중 하나는 하나님이 아무런 의미도 목적도 없는 것같이 보이는 고난을 변모시켜서 그것을 통해 뭔가를 이루신다는 것이다. 우리는 무엇이 이루어지고 있는지 알지 못할 수도 있다. 그리스도가 죽으시는 것을 지켜본 사람들은 곧이어 어떤 놀라운 사건들이 일어나게 될지 전혀 눈치 채지 못했다. 우리도 우리의 고통과 상처가 아무런 목적도 가지고 있지 않은 것처럼 보일 수 있다. 하지만 그 감정은 우리를 갈보리에서 고통과 슬픔을 당하신 그리스도와 연합시켜 준다. 의미 없는 고난처럼 보이는 자기 아들의 고난에 목적과 권능을 부여하신 그 동일한 하나님이, 오늘날 우리의 고난에도 믿음으로 존재하신다. 우리는 우리의 고난을 그분께 올려 드리고, 우리 자신이 그 십자가의 고통을 지게 될 때 그분의 임재와 권능과 목적을 확신하게 해 달라고 구하는 법을 배워야 한다. 그리스도와 함께 고난 받는다는 이 주제는 너무나 중요한 것이라, 뒤에서 더 자세히 살펴볼 것이다.

신약은 고난이라는 주제로 가득 차 있다. 십자가에서 그리스도가 당하신 고난, 그분의 백성이 그분을 증거하면서 받는 고난 등. 그리스도인이 된다는 것은 고난을 받는 것이다. 기독교는 이처럼 고난이 실재하여 우리에게 고통을 준다는 것을 공공연히 인정한다. 그것은 성부와 성자와 하나님의 자녀들이 함께 공유하는 것이다. 그리스도인이 되면 고난에 찬 세상을 모면하거나 피할 수 있다는 암시는 어디에도 없다. 그렇지 않다. 그리스도인은 세상에 속해 있지는 않을지 모르지만, 그럼에도 불구하고 세상에 남아 있다. 믿음을 가진다고 해서 세상의 고난으로부터 격리될 수 있는 길은 없다. 세상으로부터 구속된다고 해서 세상에서 사라진다는 의미는 아니다.

그리스도인들이 세상에 있는 이유는 그들이 그 세상에 있도록 되어 있기 때문이다. 그리스도인이라 해서 인생의 냉혹한 현실에서 격리되고, 보호받는 것은 아니다. 하늘나라에 대한 소망은 진짜이지만, 그것이 우리를 이 현세의 고통으로부터 막아 주지는 않는다. 예수 그리스도의 고난, 십자가 처형, 부활은 참된 그리스도인의 삶의 형태를 지도에 정밀하게 표시해 준다. 소망에 이르는 유일한 길은 고난과 죽음을 통해 가는 길이다. 길 위에 있는 사람의 관점에서 보면 다른 길이 더 쉽고 더 매력적인 것처럼 보일지 모른다. 하지만 발코니의 관점에서 보면 그 길들은 막다른 골목으로 이어진다.

진짜 그리스도인이 되는 것에는 믿음 자체로 인한 고난
에 들어가는 것도 포함될 수 있다. "그리스도도 너희를 위
하여 고난을 받으사 너희에게 본을 끼쳐 그 자취를 따라오
게 하려 하셨느니라"(벧전 2:21). 그것은 십자가를 지고 그리
스도를 따르는 것이다. 고난은 신자의 운명의 일부이다.
"오히려 너희가 그리스도의 고난에 참여하는 것으로 즐거
워하라 이는 그의 영광을 나타내실 때에 너희로 즐거워하
고 기뻐하게 하려 함이라"(벧전 4:13).

그러면 이것은 그리스도인들이 그리스도와 더 닮을 수
있도록 고난을 일부러 찾아다녀야 한다는 말인가? 그렇지
않다. 고난은 하나님이 정하신 적당한 때에 닥친다. 고난의
때와 장소는 하나님의 지혜에 맡겨 두는 것이 가장 좋다.
중요한 것은 우리가 그 고난을 어떻게 보며 그것을 이용하
기 위해 어떻게 준비하는가이다.

뭘 잘 모르고 욥을 위로했던 친구들처럼 고난이 하나님
의 총애를 잃었다거나 처벌을 받는 표시라고 주장하는 사
람도 있다. 하지만 책임 있는 기독교 신학은 그렇지 않다는
것을 안다. 길에서 보면 고난은 명확하게 나쁜 소식처럼 보
인다. 그것은 우리가 하나님의 임재로부터 단절되었음을

보여 주는 듯하다. 하지만 발코니의 관점에서 보면 사물이 달라 보인다. 고난은 하나님의 은총과 임재를 나타낼 수도 있는 표시로 보인다. 하나님의 아들의 고난에 참여하는 특권이기 때문이다. 발코니에서 보건 길에서 보건 고난은 동일한 경험이다. 하지만 그것은 매우 다른 시각이며 매우 다른 결과를 가져온다. 길에 있는 사람들이 첫째, 고난에 대처해 나가고, 둘째 그 고난에서 배우려면, 발코니에 있는 사람들의 관점이 필요하다.

고난은 우리가 하나님으로부터 멀리 있음을 의미하지 않는다. 그것은 우리가 그분에게 더 가까이 가고 있다는 것, 우리 자신과 하나님 간에 남아 있는 장벽을 깨뜨리는 것을 의미할 수 있다. 바울은 '육체의 가시'라는 쓰라린 경험을 통해서, 모든 영적 교훈 중 가장 중요한 것, 즉 하나님의 은혜가 그에게 족하며 하나님의 능력은 인간의 약한 데서 온전하여진다는 교훈을 배웠다(고후 12:7-10). 마르틴 루터가 여러 번 강조했듯이, 고난은 우리가 자기만족과 자기기만이라는 겉치장을 벗겨 버리고 우리의 약함과 그분의 강함을 직면하도록 하는 하나님의 도구이다.

하지만 복음이 고난만을 의미한다면, 어떤 의미에서 그

것이 좋은 소식이란 말인가? 이 질문에 대한 기독교의 대답은 대단히 설득력 있는 것이며 그것을 주의 깊게 들을 필요가 있다. 믿음을 통해 우리는 그리스도의 삶에 참여한다. 우리는 그리스도와 연합하게 되며 그분의 모든 존재와 그분이 이루신 모든 것을 공유한다. 기독교 전통에서는 이 주제의 풍성함을 제대로 표현하기 위해 수많은 이미지들이 사용된다.

예를 들어, 바울은 입양이라는 법적 이미지를 사용한다. 바울은 입양이라는 이미지를 통해 신자와 예수 그리스도의 관계를 표현했다(롬 8:15, 8:23, 9:4, 갈 4:5, 엡 1:5). 로마법에서 아버지는 자기 친자가 아닌 사람을 입양하여 그에게 양자라는 법적 지위를 부여하고 가족으로 삼을 수 있었다. 친자와 입양한 자식 사이 차별이 있었는지는 모르지만, 법적으로는 동일한 지위를 가진다. 법적으로 볼 때에는 혈통과 무관하게 모두 한 식구였다.

바울은 신자들이 예수님과 같은 동일한 신적 성품을 가지고 있지는 않으나 믿음으로 말미암아 예수님과 동일한 지위를 가지게 되었다는 것을 나타내기 위해 이 이미지를 전개한다. 우리가 그리스도처럼 신적 존재는 아님에도 불구하고, 믿음으로 인해 하나님 앞에서 우리의 지위가 변화되어 하나님의 가족의 일원이 된다.

하지만 그는 또한 그 개념을 다른 방식으로 사용한다. 입양아가 된다는 것은 친자와 동일한 상속권을 공유한다는 뜻이다. 우리 신자들은 이처럼 하나님 아버지로부터 그리스도와 똑같이 유업을 물려받는다. 우리는 그리스도와 더불어 하나님의 공동 후사이다. 그리고 이것은 무엇을 의미하는가? 그것은 우리가 적당한 때가 되면, 그리스도가 하나님께 유업으로 받은 모든 것을 유업으로 받으리라는 의미다. 그리고 그리스도는 무엇을 받으셨는가? 바울에 따르면 첫째로 고난을, 둘째로 영광을 받으셨다. 고난이 없이는 영광도 없다. 믿음을 통해 우리는 그리스도가 우리를 위해 상세히 계획해 놓으신 이 신적 유업에 참여하게 된다. 곧 고난과 그에 뒤따르는 영광이다(롬 8:17, 벧전 3:12-14).

두 번째 이미지는 바울이 암시한 결혼의 이미지이며, 앞으로 보겠지만 마르틴 루터와 장 칼뱅 같은 사상가들의 글에서 발전된 것이다. 믿음은 결혼 서약과도 같다. 그것은 두 사람을 실제적이고 개인적으로 연합하도록 해 준다. 그리스도인이 되는 것은 그리스도 안에 있는 것이다. 즉 민음을 통해 부활하신 그리스도와 연합하는 것이다. 그리고 한 남자와 한 여자가 하나로 결합될 때 거기에는 상호 유익을 공유한다는 의미가 포함된다. 신랑에게 속한 것을 신부도 공유한다. 마찬가지로 신부에게 속한 것을 신랑이 공유한다.

믿음을 신자와 그리스도의 결혼으로 생각하는 것은 이처럼 그들의 연합이 실제적이고 개인적인 성격을 가지고 있음을 강조한다. 믿음은 그리스도에 대해 아는 것이 아니다. 그것은 그리스도를 아는 것이고 그분에게 알려지는 것이다. 믿음은 이론이나 개념에 관한 것이 아니다. 그것은 우리를 변화시키는 인격적인 관계에 관한 것이다. 그리고 그것은 신자와 그리스도 간의 진정한 공유에 관한 것이다. 하지만 그것은 대등하지 않은 공유이다. 우리는 그리스도에게 우리의 죄와 죽을 수밖에 없는 운명을 드린다. 그분은 우리에게 그분의 의와 은혜를, 그리고 지상에서의 고난과 하늘에서의 영화를 주신다. 이것은 믿음을 통해 우리의 것이 된다. 이따금 우리의 고통은 그분의 영광을 살짝 엿봄으로 변모될 수 있다.

고난은 더 큰 전체의 일부이다. 그것은 우리가 현재 처

한 비천한 위치와 미래에 누리게 될 영광의 지위를 연결시
켜 준다. 신학은 우리가 고난을 통해 하나님의 임재를 들여
다보게 해 준다. 우리는 고난을 통해 그 문 너머에 있는 영
광과 하나님의 임재를 조금이라도 볼 수 있다. 고난은 피할
수 없다. 하지만 그것을 두려워할 필요는 없다.

신약 곳곳에서는 그리스도인이 된다는 것이 고난 받는
하나님의 백성의 체험에 동참하는 것이라고 말한다. 그들
은 그 고난을 통해 하나님을 증거할 수 있으며 그 결과 그
분에게 더 가까이 갈 수 있었다. 아마도 이런 믿음에 대한
가장 감동적인 진술은 베드로전서에서 찾아볼 수 있을 것
이다. 그리스도인은 어두운 데서 불러내어 하나님의 기이
한 빛에 들어가도록 부름 받은 사람들이다(2:9). 하지만 세
상은 그들의 존재와 그들의 부르심에 분개하며 그들에게
고난을 가한다. "사랑하는 자들아 너희를 연단하려고 오는
불 시험을 이상한 일 당하는 것같이 이상히 여기지 말고 오
히려 너희가 그리스도의 고난에 참여하는 것으로 즐거워하
라 이는 그의 영광을 나타내실 때에 너희로 즐거워하고 기
뻐하게 하려 함이라"(4:12-13). 고난은 하나님의 가족 바깥
에 있다는 표시가 아니라 가족임을 식별하는 표시다.

그러므로 그리스도와 연합하는 것은 그분의 고난에 참여하는 것이며, 그분의 부활의 영광에 참여할 것을 소망하는 것이다. 참여할 것을 **소망**한다고? 그렇다. 믿음은 현재의 삶을 넘어 그 너머에 있는 것을 볼 수 있게 해 준다. 현재의 고난은 미래의 영광이 오면 사라질 것이다. 그것은 성금요일이 부활절에 밀려난 것만큼이나 확실하다. 기독교 신앙 바깥에 있는 사람들, 현재의 상태 외에는 어떤 것도 믿으려 하지 않는 사람들에게는 고난이 끝처럼 보일 수도 있다. 그것이 다른 것으로 변화될 가능성은 전혀 없다. 하지만 그리스도인들은 부활을 통해 고난이 변형되는 것을 안다. 그래서 소망 가운데 산다. 마지막 장에서는 이 주제에 대해 연구해 볼 것이다.

고난 뒤에 놓인
영광

고난과 죽음은 죄와 마찬가지로 하나님이 가증스럽게 여기시는 것이다. 예수님은 나사로의 무덤 앞에 서서 우셨다. 임마누엘, 하나님이 함께 하시는 분, 성육신하신 하나님이신 바로 그 예수님이 말이다. 생각해 보자. 하나님은 사랑하는 피조물 중 하나가 죽은 것을 보시고 우신다. 그리스도의 눈물은 우리도 나사로처럼 고난 받고 죽을 때 하나님이 보여 주시는 동정심을 강력하게 상기시켜 준다.

요한은 마리아와 마르다의 슬픔에 깊이 영향을 받는, 가장 다정다감한 모습의 예수님을 묘사한다. 나는 종종 요한복음 11장 33절의 헬라어를 어떻게 번역하는 것이 가장 좋을까 생각했다. 예수님이 깊이 감동을 받으신다. 그분은 대단히 민망히 여기셨다. 심지어 화가 나기까지 하셨을 것이다. 무엇에 대해? 인간이 처한 상황이 주는 고통에 대해, 그리고 그것이 야기하는 슬픔에 대해. 고난과 죽음과 죄는 모두 비극적으로 타락한 인간이 처한 상황의 중요한 부분이다. 현재의 상황이 원래의 모습과는 다르며, 앞으로 계속되지도 않을 것이라는 기독교적 소망과 믿음을 확인하는 것이 중요하다.

어떤 사람들은 어떤 것도 이 세상에서 받은 고난을 제대로 보상해 줄 수는 없을 것이라고 말한다. 하지만 어떻게 아는가? 고난을 받고 그 후 영광 속에서 올라간 사람과 이야기를 해보았는가? 그들 자신이 그런 경험을 해보았는가? 금세기 인간의 고난에 대해 쓴 많은 글이 보여 주는 가장 큰 비극 중 하나는 너무 투박한 표현들을 사용했다는 것이다. "어떤 것도 도저히 고난을 보상할 수는 없다!"는 말이 너무나도 쉽게 입에서 술술 흘러나온다. 그것은 단호한 웅변력을 지니고 있다. 그것은 논증을 단념하게 한다. 그것은 자신들이 말한 것이 그 주제에 대한 인간의 지혜의 정수를 나타내며, 너무나 옳은 것이라 구구절절 변명을 할 필요도 없음을 시사한다. 그것은 누구든 자기 말에 동의하지 않는 사람은 바보라고 암시한다. 하지만 어느 것도 고난을 보상할 수 없다는 것을 그들이 어떻게 아는가? 바울은 현재의 삶의 고난을 장차 올 영광이 능가할 것이라고 열렬히 믿었다(롬 8:18). 그가 틀렸고 그들이 옳다는 것을 그들이 어떻게 아는가?

그들이 내세의 영광을 맛보아서 스스로 비교를 할 수 있단 말인가? 고난과 죽음의 쓰라린 경험을 겪고 그리스도의 부활하신 영광의 삶에 참여해 본 사람들과 이야기해 보고 이제 그들이 과거에 받은 고난에 대해 어떻게 느끼는지 물어보았는가? 아니다. 물론 그들은 그렇게 하지 않았다. 간단한 사실은 기독교를 비판하는 사람들의 이런 확신에 찬 주장은 휘파람 소리와 아주 비슷하다는 것이다. 그들의 주장은 역사와 영원을 가른 휘장의 이쪽 편에서 만들어진 것이다.

그런데 굴욕적이고 고통스럽게 죽은 다음 다시 살아나 우리에게 돌아온 누군가의 이야기를 들을 수 있다면 상황은 다소 달라질 것이다. 그는 이 문제에 대해 권위와 통찰력을 가지고 이야기할 것이다. 바로 이 점에서 그리스도의 부활이 대단히 중요하다. 하나님은 실제로 그런 문제에 대해 말씀하셨다. 우리는 앞에 무엇이 놓여 있는지 알 수 있다. 우리는 영원의 관점에서 고난을 볼 수 있다.

그리스도가 이 땅에 계시던 때, 사람들은 마지막 때에 일반 부활이 있을 것이라고 믿었다. 그것은 역사의 종말을 고하는 표시가 될 것이며, 신적 심판과 하나님의 계시가 따를 것이다. 그리스도의 부활은 전혀 예상치 못한 것이었다. 그것은 당시에 사람들이 예상하던 유형과는 전혀 맞지 않았다. 그것은 마치 종말 때에 일어나기로 되어 있던 일이 인간 역사의 한가운데서 일어난 것과도 같았다.

이처럼 부활은 그리스도의 고난을 영원의 관점에서 보도록 해 준다. 고난은 무의미한 것이 아니라 영광으로 이끈다. 그리스도의 고난에 참여하는 사람들은 그리스도의 부활을 통해 역사의 끝에서 무엇이 그들을 기다리고 있는지 안다. 이 때문에 바울은 그처럼 확신 있게 "현재의 고난은 장차 우리에게 나타날 영광과 비교할 수 없도다"(롬 8:18)라고 선포할 수 있다. 이것은 결코 근거 없는 소망, 독단적인 염원이 아니다. 그것은 그리스도의 고난과 부활의 실상, 믿음이 우리를 그리스도에게 묶어 주며 그분의 유업을 함께 나누게 해 준다는 사실을 알고 있는 실제적인 현실주의이다.

신약은 이 세상에서 받는 고난이 진짜라고 단언한다. 그것은 고통스럽다. 하나님은 우리의 고난 때문에 깊이 고통을 받으신다. 우리가 가족과 친구들의 고난에 충격을 받고 슬퍼하고 얼떨떨해하는 것과 마찬가지이다. 하지만 그것이 전부는 아니다. 다른 부분도 언급되어야 한다. 우리가 지금 여기에서 경험하고 느끼는 것에 주의를 고정시키는 것은 자연스러운 것이다. 하지만 믿음은 우리에게 눈을 들어 그 앞에 있는 것을 바라보라고 요구한다. 우리는 여행을 하면서 고난을 받을 수도 있다. 하지만 우리는 어디로 가고 있는가? 앞에는 무엇이 놓여 있는가?

'하늘나라'(heaven)라는 단어는 믿음의 최종 목적지를 묘사하기에는 적절하지 않은 것처럼 보인다. 아마도 우리는 영생의 소망에 대해, 우리의 약하고 죽을 수밖에 없는 육체가 그리스도의 영광스러운 부활체를 닮는 것에 대해, 그리고 구속받고 하나님 앞에 서는 궁극적인 상에 대해 더 광대하게 말해야 할 것이다. 하지만 어떻게 묘사하든, 우리가 변화되고 새로워지며, 고난이 영광스럽게 변모되리라는 약속과 소망은 기독교 믿음의 필수적인 부분이다. 이 영광스러운 요소들은 우리 신앙에 너무나 깊이 새겨져 있어 도저히 제거할 수가 없다.

'상'과 '보상'이라는 말은 여러 모로 쓸모가 있다. 그것은 운동선수가 면류관을 받기 위해 경주를 마쳐야 할 필요가 있음을 상기시켜 준다(딤후 4:7-8). 그것은 견뎌 나가는 데 필요한 체력을 기르기 위해 기독교 신앙 안에서 훈련받고 연단 받을 필요가 있음을 상기시켜 준다.

하지만 고난과 하늘나라의 관계에 대해 이런 식으로 생각하는 것은 또한 오해를 불러일으킬 수도 있다. 그것은 고난과 하늘나라가 우연히 연관되어 있는 것처럼 암시한다. 그것은 우리가 여기 이 세상에서 용기를 잃지 않고 계속 나아가도록 하늘나라를 일종의 위안거리로 내세운 것처럼 보인다. 루이스(C. S. Lewis)는 사람들의 절찬을 받은 〈영광의 무게〉라는 설교에서 이 문제를 다음과 같이 다룬다.

보상에는 여러 종류가 있습니다. 그것을 얻기 위한 일과 자연적인 연관이 전혀 없으며, 그에 수반되어야 하는 욕구들과 상당히 맞지 않는 보상이 있습니다. 돈은 사랑의 자연적 보상이 아닙니다. 그 때문에 어떤 남자가 돈 때문에 어떤 여자와 결혼하면 우리는 그를 돈만 밝히는 사람이라고 부릅니다. 하지만 결혼은 진정한 연인들에게 적절한 보상입니다. 그리고 그가 결혼을 바라는 건 돈 때문이 아닙니다. …적절한 보상은 그저 보상을 받기 위한 활동들에 첨부된 것이 아니라, 완성된 활동 그 자체입니다.

고난과 영광 간의 친밀한 연관에 더 주의를 기울인다면 루이스가 말한 위험을 쉽사리 피할 수 있다.

씨앗 하나가 땅에 떨어지면 그것은 자라기 시작하며 결국에 가서는 열매를 맺을 것이다. 우리는 이렇게 열매를 맺는 것이 성장에 대한 보상이라고 말할 수 있는가? 그렇지 않다. 우리는 전자와 후자 간에 유기적이고 자연적인 연관이 있다고 말할 것이다. 그것은 그저 만물의 이치다. 그것은 자라는 씨가 열매로 보상을 받을 것이라거나, 성장에 대한 상은 열매라고 뭔가 독단적으로 선포하는 것이 아니다. 오히려 우리는 발아·성장·열매 맺기를 모두 동일한 전반적 과정의 일부로 본다. 그것들은 모두 자연적인 성장과 발전 주기의 단계이다.

고난과 영화도 그와 같다. 그것은 그리스도인의 삶의 동일한 성장 과정의 일부이지만 서로 다른 단계를 나타낸다. 우리는 하나님의 가족으로 입양되고, 고난을 받으며, 영화된다(롬 8:14-18). 이것은 우연한 관계가 아니다. 그것은 모두 그리스도인들이 삶의 궁극적 목표―최종적으로 하나님과 연합하고 영구히 그분과 함께 있는 것―를 향해 성숙하고 진보해 가는 과정 속에서 밀접하게 연결되어 있다. 하늘나라는 과정의 완성이며, 고난은 그것의 현재적 부분이다.

이렇게 우리는 새로운 존재 영역에 대한 영광스러운 환상을 보게 된다. 그 영역 안에서는 고난이 패배했다. 그것은 하나님의 참신한 임재가 충만한 영역으로, 죄의 존재와 권세는 그 영역에서 최종적으로 배제되어 있다. 그것은 앞에 놓여 있으며, 우리는 그 향기를 조금 맡고 멀리서 그 음악을 들을 수는 있지만 아직 거기 들어가지는 못했다. 죽음으로 끝나는 이 슬픈 세상에서 우리를 계속 앞으로 나아가도록 해 주는 것은 바로 이런 소망이다.

하지만 그것은 진짜인가? 이런 희망은 소망적 관측, 겉치레만 그럴듯한 허무한 공상, 지금 사는 세상보다 더 나은 세상을 갈망하는 인간의 가련한 소망인가? 사람들은 우리에게 '그림의 떡'을 믿는다고 지겹게도 빈정거린다. 그것은 마치 다른 사람들은 도움을 받지 않고도 인생의 엄연한 진리에 대처해 나갈 수 있는데, 그리스도인들은 인생에 대해 심각한 착각에 빠져 있고 비현실적이어서 계속 전진하려면 그런 허구가 필요하다는 것을 암시하는 듯하다.

하지만 이것은 질문을 회피하는 것이다. 그것은 사실인가? 사실이라면 그리스도인들은 그것을 믿는다고 해서 절대로 비판을 받을 수는 없다. 그것이 사실이라면 그것을 무시하는 것은 현실에서 달아나는 것이다. 사실이든 아니든 둘 중 하나이다. 그러면 어느 쪽인가? 이 문제에 대해 한 점 의혹도 없이 분명하게 밝혀 보자. 하늘나라에 대한 기독교의 소망이 거짓말에 기초한 환상이라면, 우리를 현혹시키고 기만하는 기독교를 포기해야 한다. 하지만 사실이라면 그것을 받아들여야 하고 인생에서 고난이 차지하는 위치에 대한 전체적 이해가 바뀌어야 한다.

나는 그것이 진실이라고 믿으며, 그리스도인이 이에 대한 언급 없이 고난을 논하기는 불가능하다고 믿는다. 하나님의 은혜로 고난은 영광이 오면 사라진다. 출산의 고통이 새로운 탄생의 기쁨에 밀려나는 것과 마찬가지다. 그리고 하늘나라에 대한 기독교적 소망은 복음 안에 깊이 간직되어 있다. 그것은 나중에 복음에 부가된 선택적인 추가사항이라거나 마음대로 버려도 되는 것이 아니다. 앞에서 강조한 것처럼 그것은 성장과 발전이라는 전반적인 유형의 일부로서, 싹이 터서 성장하고 마침내 열매를 맺는 과정에 비유될 수 있다. 그것은 복음 전체에 필수적인 것으로, 그리스도 안에 있는 구속에 대한 선포의 전반적 취지에 완전히 들어맞는다.

이 중대한 점을 이해하는 데 있어 가장 유용한 유추는 결혼의 유추이다. 믿음은 남편과 아내를 하나로 연합시키는 결혼 서약과 유사하다고 볼 수 있다. 독일 학자 마르틴 루터는 1520년에 쓴 〈그리스도인의 자유〉라는 글에서 이 원리를 이렇게 진술한다.

믿음은 영혼을 그리스도와 연합시킨다. 신부가 신랑과 연합되는 것과 마찬가지다. 바울이 가르치듯이, 그리스도와 영혼은 이 비밀에 의해 한 몸이 된다(엡 5:31-2). 그리고 그들이 한 몸이라면, 그리고 그 결혼이 진짜라면… 그들이 가지고 있는 모든 것은 선한 것이건 악한 것이건 공유한다. 그래서 신자는 그리스도께서 무엇을 가지고 계시든 자기 것인 양 자랑할 수 있다. 그리고 신자가 무엇을 가지고 있든 그리스도는 자기 것이라고 주장하신다. 어떻게 이렇게 되는지, 그리고 그것이 우리에게 어떻게 유익을 끼치는지 보자. 그리스도는 은혜와 생명과 구원으로 가득 차 있다. 인간의 영혼은 죄와 죽음과 저주로 가득 차 있다. 이제 그 사이에 믿음을 오게 해보라. 죄와 죽음과 저주는 그리스도의 것이 될 것이다. 그리고 은혜와 생명과 구원은 신자들의 것이 될 것이다.

인간의 결혼은 법적 허구가 아니다. 그것은 인격적 연합, 상호 헌신, 공동생활, 소유물을 함께 나누는 것 등을 포함하는 두 인격적 존재 간의 실제적이고도 중대한 관계이다. 믿음을 통해 신자와 부활하신 그리스도 간에 바로 이런 관계가 확립된다.

신자는 이렇게 그리스도 안에 들어오게 된다. 그 사람은 새로운 피조물이다. 믿는 사람과 구속하시는 그리스도 간에는 역동적인 결속이 생겨나며, 그 결과 그분이 순종함으로 우리를 위해 이기신 모든 것에 참여하게 된다. 하지만 결혼한 부부도 결국에 가서는 죽음에 의해 갈라지는 반면,

어느 것도, 심지어 죽음 자체도 그리스도와 신자 간의 연합을 파괴할 수는 없다. 그것은 진짜이며 영원한 것이다. 실로 죽음은 우리를 구속받지 않은 악한 세상과 연결시키는 고약한 결속을 끊어 버려, 우리가 그리스도에게 전적으로 거리낌 없이 헌신할 수 있도록 해 줄 뿐이다.

신자는 이처럼 죽음에 대한 그리스도의 승리, 고난과 고통의 속박으로부터의 자유, 그리고 그분의 부활의 생명을 공유한다. 그리스도인은 자신이 이 부활에 참여할 것이며 부활하시고 승천하셨으며 영광을 받으신 그리스도의 생명을 함께 나눌 것이라고 확신한다. 죄에 대한 승리는 우리가 죄의 형벌과 권세뿐 아니라 또한 죄의 존재로부터도 구원받을 때에만 완전히 이루어진다. 여기에서 구약의 위대한 약속은 최종적으로 성취된다. 우리는 기뻐하면서 하나님의 임재 앞으로 나아온다.

그렇다면 이것이 믿음의 소망이다. 소망! 이 한 단어에 얼마나 많은 영적 흥분과 깊이가 집약되어 있는가. 이것은 그저 얄팍한 낙관주의, 모든 상황이 암울할 때에도 그저 막연히 모든 게 잘 될 것이라 획일적으로 생각하는 것이 절대 아니다. "조지가 오늘밤 바보짓을 해서 사람들의 웃음거리가 되지 않기를 바라", "비가 곧 그치기를 바라" 하는 식이다. 그렇지 않다. 믿음의 소망에는 분명하고 확실한 기대가 있다. 그것은 하나님의 신뢰할 만한 성품에서 생겨나 그분의 약속에 의해 자라나며, 성령의 자비로운 역사에 의해 유지되는 것이다.

장차 하나님과 연합될 것이라는 이런 확실한 기대 때문에 우리는 하나님과 함께 있기를 열렬히 바라고, 그분의 더 친밀한 임재를 열망하게 하며, 현재의 삶을 이 최종 목표에 비추어 보도록 해 준다. 군인이 언젠가 평화가 오면 다시 가족과 친구들을 만날 수 있으리라는 것을 알고서 오랜 전쟁이 종식될 것을 위해 싸우듯이, 그리스도인은 자기를 기다리고 있는 기쁨을 알고서 순례여행을 계속해 나간다.

칼 마르크스는 인생에 대한 이런 견해를 구역질나는 감상적 생각에 불과하다고 여겼다. 미래에 대한 소망을 제공함으로써 세상을 더 낫게 만드는 일에 집중할 수 없게 만든다는 것이다. 하나님 나라에서 최종적으로 고난과 고통이 제거되리라는 약속 때문에 우리가 지금 여기에서 그 고난을 제거하기 위해 노력하는 데 집중하지 못한다는 것이다. 마르크스의 유명한 말을 빌면, 기독교는 "대중의 아편",

우리의 감각을 둔하게 하고 세상이 수치스러운 상황을 개
선하기 위해 무언가를 하지 못하도록 막는 일종의 마취제
나 최면제다.

마르크스가 지적한 점도 일리가 있다. 기독교적 소망이
주는 매력이 너무 커서 그것에 매혹되어 거기에만 생각을
집중시키고 싶은 것은 당연하다. 이 땅에서는 아무 쓸모가
없을 정도로 지나치게 천국을 지향하는 태도를 취하기가
아주 쉽다. 마르크스의 비판이 조금이라도 유용한 점이 있
다면 그것은 불필요한 고난의 원인을 제거함으로 이 세상
을 변혁시키기 위한 그리스도인의 의무를 상기시킨 점이
다. 기독교의 소망은 진정제가 아니라 자극이 되어야 한
다. 그것은 우리가 세상에서 활동을 게을리 하도록 조장하
는 것이 아니라, 오히려 활동을 하도록 박차를 가해야 한
다. 하나님의 세상과 그분의 백성의 고난을 경감시키려 애
쓰는 것은 그들의 고통에 대한 하나님의 상심을 덜어 주는
것이다.

하지만 이 모든 것을 감안하더라도, 마르크스의 말은 기
독교의 소망이 지닌 힘과 중요성을 강화시켜 줄 뿐이다. 그
소망은 **정말로** 우리가 현세의 고난을 대처할 수 있도록 해

준다. 그게 바로 그것이 지닌 위험이자 매력이다. 우리가 세상의 혼란과 슬픔을 너무나 성공적으로 대처할 수 있게 해 준다는 바로 그 이유 때문에, 그런 혼란과 슬픔을 그대로 내버려 두고 싶은 생각이 들 수 있다. 마르크스는 이처럼 우리가 인생의 어두운 면을 대처할 수 있도록 해 주는 기독교적 소망의 능력을 마지못해, 하지만 웅변적으로 증거한다.

그러면 이 소망이 어떻게 우리를 위로할 수 있는가? 우리가 현재 처한 상황을 전체적인 맥락에서 보도록 해 줌으로써. 영원이 시간 속으로 들어오게 하고 그것을 조명하도록 함으로써. 현재의 고난이 장차 우리에게 나타날 영광과 비교할 수 없다(롬 8:18)는 사실을 상기시키고 확신함으로써. 그리고 그리스도를 통해 우리에게 주어진 이 약속들이, 마침내 성취되리라는 확고한 확신은 누리지 못했으나 믿음으로 이 동일한 소망을 받기에 이르렀던 과거의 저 위대한 믿음의 영웅들을 상기시킴으로써(히 11:1-40) 그렇게 할 수 있다.

죽음을 두려워하고 있는가? 믿음은, 죽는 것은 곧 얻는 것이며 우리가 온전히 알기를 간절히 원했던 그리스도와 함께 있는 것임을 확신시킨다. 슬픔으로 괴로워하고 있는가? 믿음은 더 이상 슬픔이 없고 모든 눈물이 씻긴 또 다른 나라, **우리의** 나라가 될 그 나라에 대해 말해 준다. 고난 받고 있는가? 믿음은 죽음이 승리에 삼킨 바 되고 현재의 고난은 우리를 기다리고 있는 기쁨에 비할 때 하찮은 것처럼 보이리라고 말한다. 많은 사람들이 당하는 고난은 얼마나 큰 것인가? 하늘나라에서 누리는 행복이 훨씬 많이, 훨씬 오랫동안 그 고난을 능가하리라고 믿는 것은 위로가 되지 않는가?

고난이 진짜이듯 하나님의 약속과 영생의 소망도 마찬가지다. 그리스도의 죽음과 부활은 성령이 우리에게 내려오신 것과 결합하여, 그 약속이 언젠가 영광스럽게 실현되리라는 보장·표시·보증이다. 당장 우리는 당혹감 섞인 슬픔 속에서 싸우고 고난을 받는다. 하지만 언젠가 하나님의 백성에게는 그 모든 것이 변할 것이다.

내가 들으니 보좌에서 큰 음성이 나서 이르되 보라 하나님의 장막이 사람들과 함께 있으매 하나님이 그들과 함께 계시리니 그들은 하나님의 백성이 되고 하나님은 친히 그들과 함께 계셔서 모든 눈물을 그 눈에서 닦아 주시니 다시는 사망이 없고 애통하는 것이나 곡하는 것이나 아픈 것이 다시 있지 아니하리니 처음 것들이 다 지나갔음이러라(계 21:3-4).

그런 소망 가운데 우리는 믿음의 삶을 살아간다. 우리는 그 믿음이 정확하게 어디로 이끌지는 모른다. 하지만 우리가 아는 것은 어디를 가든 무한히 자비하신 하나님이 우리 앞서 가시고 우리와 함께 여행하시면서 우리를 위로하시고 안심시키실 것이라는 사실이다. 마침내 우리가 그분의 얼굴을 맞대어 보고 그분이 우리를 아시듯 우리가 그분을 알게 될 때까지.

고통에 대한 성경의 주요 본문

고난에 대한 핵심 성경 본문들을 살펴보는 것은 대단히 도움이 된다. 다음에 나오는 것은 가장 중요한 몇몇 본문들과 그것을 연구할 때 도움이 될 만한 간략한 서론이다.

롬 8:16-18 | 바울은 그리스도인들이 하나님의 자녀가 되는 모든 특권에 참여한다고 선포한다. 그리스도가 영광으로 올라가기 전에 고난을 당하신 것처럼, 신자들도 고난을 받을 것을 예상해야 한다. 우리가 영광으로 올라가면 그 고난을 참된 각도에서 보게 될 것이고 이런 관점에서 그것을 되돌아볼 수 있다는 바울의 주장을 보라.

롬 8:28 | 여기에서 바울은 우리가 무슨 일이 일어나고 있는지 완전히 이해할 수 없더라도 하나님은 우리의 경험을 통해 그분의 선한 목적을 이루고 있다고 단언한다.

벧전 1:6-7 | 베드로는 어떻게 고난이 하나님이 우리의 믿음에서 불순물을 제거하여 그것을 연단하는 것인지 말한다. 베드로가 신자들의 믿음이 금보다 더 값지다고 단언하는 것을 보라.

벧전 2:19-23 | 베드로는 그리스도인이 되는 것에는 그리스도와 동일한 고난을 겪는 것이 포함된다는 것을 지적한다.

계 21:1-5 | 이 위대한 본문은 우리에게 모든 고통과 고난이 사라질 새 예루살렘에 대한 비전을 제공한다. 이 본문은 고난이 주는 고통에 대한 기독교적 사고에 관한 엄청난 가치를 지니고 있다. 내세에 고난이 최종적으로 제거될 것을 소망 가운데 내다보게 하기 때문이다.